ASSISTÊNCIA SOCIAL
E SEUS USUÁRIOS
entre a rebeldia e o conformismo

CB027528

Dados Internacionais de Catalogação na Publicação (CIP)
(Câmara Brasileira do Livro, SP, Brasil)

Silva, Marta Borba
   Assistência social e seus usuários : entre a rebeldia e o
conformismo / Marta Borba Silva. – São Paulo : Cortez, 2014.

   ISBN 978-85-249-2302-9

   1. Assistência social – Brasil 2. Cidadania 3. Direitos sociais
4. Pobreza 5. Serviço social I. Título.

14-10628   CDD-361.30981

Índices para catálogo sistemático:
1. Brasil : Assistência social : Serviço social   361.30981

Marta Borba Silva

ASSISTÊNCIA SOCIAL E SEUS USUÁRIOS

entre a rebeldia e o conformismo

1ª edição
2ª reimpressão

ASSISTÊNCIA SOCIAL E SEUS USUÁRIOS: entre a rebeldia e o conformismo
Marta Borba Silva

Capa: de Sign Arte Visual
Revisão: Alexandra Resende
Preparação de originais: Márcia Nunes
Assessoria editorial: Maria Liduína de Oliveira e Silva
Editora assistente: Priscila F. Augusto
Composição: Linea Editora Ltda.
Coordenação editorial: Danilo A. Q. Morales

Direitos para esta edição
CORTEZ EDITORA
Rua Monte Alegre, 1074 – Perdizes
05014-001 – São Paulo – SP
Tel.: (11) 3864-0111 Fax: (11) 3864-4290
E-mail: cortez@cortezeditora.com.br
www.cortezeditora.com.br
Impresso no Brasil – maio de 2019

São pessoas que passam sem falar
e estão cheias de vozes
e ruínas. És Antônio?
És Francisco? És Mariana?
Onde escondeste o verde
clarão dos dias? Onde
escondeste a vida
que em teu olhar se apaga mal se acende?
E passamos
carregados de flores sufocadas.

Ferreira Gullar

Lista de Figuras

Lista de Siglas

ALN	Aliança Nacional Libertadora
BPC	Benefício de Prestação Continuada
CadÚnico	Cadastro Único para Programas Sociais
Centro POP	Centro de Referência Especializado de Assistência Social para Pessoas em Situação de Rua
CFESS	Conselho Federal de Serviço Social
CNAS	Conselho Nacional de Assistência Social
CRAS	Centro de Referência de Assistência Social
CREAS	Centro de Referência Especializado de Assistência Social
FASC	Fundação de Assistência Social e Cidadania
GT	Grupo de Trabalho
IBGE	Fundação Instituto Brasileiro de Geografia e Estatística
IDH	Índice de Desenvolvimento Humano
INPS	Instituto Nacional de Previdência Social
INSS	Instituto Nacional do Seguro Social
IPEA	Instituto de Pesquisa Aplicada
LA	Liberdade Assistida
LOAS	Lei Orgânica da Assistência Social

MDS Ministério de Desenvolvimento Social e Combate à Fome

NOB-RH Norma Operacional Básica de Recursos Humanos

NOB SUAS Norma Operacional Básica do Sistema Único de Assistência Social

PAEFI Serviço de Proteção e Atendimento Especializado a Famílias e Indivíduos

PAIF Serviço de Proteção e Atendimento integral à Família

PBF Programa Bolsa Família

PCFM Plano de Combate à Fome e à Miséria

PSC Prestação de Serviço à Comunidade

PETI Programa de Erradicação do Trabalho Infantil

PIB Produto Interno Bruto

PMPA Prefeitura Municipal de Porto Alegre

PNAS Política Nacional de Assistência Social

PPGSS Programa de Pós-Graduação em Serviço Social

PUCRS Pontifícia Universidade Católica do Rio Grande do Sul

SASE Serviço de Apoio Sócio-Educativo

SCFV Serviço de Convivência e Fortalecimento de Vínculos

SUAS Sistema Único de Assistência Social

SUDS Sistema Unificado e Descentralizado de Saúde

UDH Unidades de Desenvolvimento Humano

Sumário

Prefácio

Em 1992, em minha tese de doutoramento, busquei uma inter-locução com as análises sobre a pobreza brasileira e seu enfrentamento pela via das políticas sociais públicas, com ênfase na Assistência Social. Buscava compreender, ainda que de modo introdutório, "as marcas que a ação assistencial deixa sobre o segmento das classes subalternas que a ela recorre para obter serviços e reconhecimento". Sobretudo indagava quem são os "mais pobres" que recorrem à Assistência Social para aí suprir algumas de suas necessidades nesta sociedade injusta e desigual? Necessidades que, história e socialmente produzidas, não se limitam a objetos materiais, referindo-se também ao campo da espiritualidade dos indivíduos. "Como se configura a Assistência Social na conformação da identidade subalterna? Pode o assistencial expressar demandas de cidadania social e constituir-se em espaço de protagonismo para os subalternos?"

Continuo indagando: Como entender a subalternidade e seu inconformismo, no enfrentamento das lutas e adversidades do cotidiano? Como enfrentar o desafio de criar espaços de liberdade na dimensão política das práticas profissionais?

Cheguei a algumas descobertas sobre esse "universo insuspeitado" cheio da experiência trágica de pertencer às classes subalternas em nossa sociedade, e suas trajetórias de exploração, pobreza, opressão e resistência. É triste observar como as estruturas perversas do capitalismo globalizado geram sofrimentos tão profundos nessa população. Sofrimentos que se instalam e mergulham na opressão, mas que paradoxalmente impulsionam as lutas por seus direitos e pela cidadania.

É, pois, com alegria que acompanho a leitura deste livro de Marta Borba Silva, que originalmente constituiu sua tese de doutorado na PUC-RS e que se situa na busca de respostas para algumas dessas questões que tanto ainda me inquietam.

Para a autora, é preciso dizer que este livro nos leva a acompanhar sua coragem e simplicidade nessas buscas como assistente social e pesquisadora, possibilitando que o leitor vá descobrindo essa vida partejada no sofrimento, no "conformismo e na rebeldia", categorias capazes de iluminar as razões presentes nos gritos de rebeldia que quase ouvimos, em momentos de sua reflexão. Virtude sua, saber ouvir e demonstrar a impossibilidade de fazer assistência social sem conviver com seus usuários, sem perceber como se percebem, como sabem do mundo e se sabem nele.

As situações que aparecem nos relatos nos apresentam as características da vida de todo dia das classes subalternas, o rosto penoso da desigualdade e da não cidadania, mas também nos mostram as possibilidades da Política de Assistência Social que se move nesse espaço contraditório e, como refere a autora, se "muitas vezes assume a lógica instituída do clientelismo e de favores, reiterando essa realidade imposta", também pode se efetivar como política pública de direitos e de proteção social em uma perspectiva democrática e participativa.

Nesse sentido, cabe destacar a feliz escolha de documentar em vídeo os depoimentos coletados. Estratégia que, como afirma a pesquisadora, foi ao mesmo tempo desafiadora e recompensadora, lidando com uma área que foge ao nosso domínio. "A recompensa acontece quando, ao final do produto, pode-se perceber que, para além do que foi analisado e dito pela pesquisadora, a voz dos sujeitos ficou materializada pelas suas próprias falas e imagens, eivadas de suas expressões e sentidos, revelando o protagonismo de cada um."

É nessa direção que este livro revela-se uma contribuição fecunda no processo de desvendamento das possibilidades da Assistência

Social na construção dos direitos de seus usuários que se realizam, seja pelo atendimento via serviços, encaminhamento a benefícios, seja ainda pelo espaço de escuta que lhes é oferecido. Como afirma Marta, já "se identifica a relação entre direito e Assistência, onde a Política é atrelada a uma ferramenta, a um espaço fundamental de busca e de atendimento das necessidades identificadas individualmente como necessárias para si ou para o coletivo".

Não por acaso, este livro, que representa um encontro com a subalternidade e a pobreza, observados na vida dos usuários da Assistência Social, termina com um trecho do depoimento de um dos sujeitos da pesquisa

> A Assistência, ela é uma ferramenta do indivíduo pra alcançar a sua cidadania. Ela gera, ela é a principal ferramenta, a ferramenta de gerar oportunidade de inserir o indivíduo ao meio, de buscar o resgate dessa pessoa, de mostrar pra ela que ninguém nasceu pra ficar no patamar de insignificância (Depoimento do Sujeito 1).

Em síntese, estamos diante de um livro instigante e mobilizador, escrito com paixão pela justiça, que nos coloca frente ao usuário da Assistência Social e nos leva a levantar novas questões, tratando-se de leitura obrigatória para todos que buscam conhecer um pouco melhor a realidade das classes subalternas em relação com a Assistência Social. Como livro, interessa também a todos que defendem que cabe ao Estado garantir a vida com dignidade à população, cujo direito mais universal é o da sobrevivência.

Leitura imprescindível para todos os que buscam enfrentar e minimizar as injustiças do tempo presente pela mediação de políticas públicas.

Maria Carmelita Yazbek
Julho de 2014

Apresentação

O debate sobre a relevância da política de Assistência Social com suas múltiplas interpretações tem se destacado nesses últimos dez anos. Desde a aprovação pelo Conselho Nacional de Assistência Social (CNAS) e da Norma Operacional Básica (NOB) que instituiu o Sistema Único de Assistência Social (Suas), em 2004 e do reconhecimento do direito da população exigir o atendimento das suas necessidades sociais, vive-se o embate de transformar a política em acessível, reclamável e mais que isso, respondendo as demandas de quem "dela necessita". O reconhecimento legal em 1993 com a aprovação da Loas não foi suficiente para isso. Reconhecer o direito a ser atendido com padrões de qualidade e na perspectiva de sujeitos históricos, tem exigido desvendar a realidade de uma sociedade que na sua raiz tem vínculos fortes com patrimonialismo, clientelismo, características que ainda hoje podem ser observadas no trato com as mais diversas expressões da questão social. Naturalizar as desigualdades sociais, banalizar as formas perversas de exclusão x inclusão tem sido marcas persistentes na sociedade brasileira.

Por isso, este livro é fundamental como instrumento potente para indicar um rumo àqueles que buscam desenhar o Suas como espaço de disputa da riqueza socialmente produzida, e como *locus* do exercício da cidadania[1]

---

1. O conceito de cidadania aqui empregada sustenta-se na categoria trabalhada por Carlos Nelson Coutinho (2000) que ao problematizar a noção liberal de cidadania, impõe à sua

A pergunta essencial que o pautou está vinculada a como os sujeitos históricos, denominados usuários no processo de evolução do debate, vivem e identificam sua condição de acesso, quando buscam atendimento de suas necessidades no campo da Assistência Social. O nó teórico analisado parte de uma obra clássica de Yazbek (1993) denominada *Classes Subalternas e Assistência Social* publicada pela Cortez Editora e que, pela primeira vez, dá voz aos sujeitos que são atendidos pelos programas assistenciais e os indaga da sua percepção sobre essa condição. No livro, Yazbek analisa a questão da subalternidade como uma identidade de reconhecimento dessa população. O mérito, a subserviência, a gratidão, a incapacidade pessoal aparecem como elementos chaves para materializar a forma como esses sujeitos compreendem suas necessidades sociais e "suportam" as exigências para sua inclusão nos serviços. Fundamentados no pensamento hegemônico de que as necessidades sociais dessa população são produtos quase que diretos das suas incapacidades pessoais e familiares, no seu cotidiano submetem-se aos critérios de mérito e os incorporam como legítimos. Assim, o debate fundamental realizado por Yazbek expõe uma realidade que pautou a luta pela consolidação de uma política pública, a de Assistência Social. Reconhecer que as necessidades dessa população são produtos do processo excludente da sociedade capitalista no seu movimento constante pela extração da mais valia e pela destituição dos direitos sociais como patamar de sociabilidade foi essencial. Longe de identificar a política de Assistência Social como um instrumento de superação do capitalismo, assim como de qualquer política social na ótica capitalista ser portadora de um movimento libertador, a luta tem se pautado pela compreensão da necessidade de tensionar o sistema a atender as necessidades sociais da classe trabalhadora, nas suas mais diversas formas, e a pressionar o Estado, em processo de democratização, a atender prioritariamente os interesses dos trabalhadores.

---

qualificação como uma condição vinculada a democratização dos espaços públicos e a disputa pela riqueza socialmente produzida.

Luta difícil, permeada por intensos debates, por vezes desmobilizadores, por vezes idealistas, mas extremamente necessários por evidenciar as características da sociedade brasileira e trazer para a cena as contradições que permeiam esse campo.

Rebeldia ou conformismo? Pergunta essencial, que embora ao fazê-la tenha-se a impressão que estamos diante de uma dicotomia, suas respostas quando vêm do ineditismo de novamente "dar voz" aos sujeitos que estão vinculados aos serviços da política de Assistência Social, reverberam como resposta: rebeldia e conformismo. Esse movimento dialético impõe a todos que estão comprometidos pelo estudo debruçar-se sobre o que já foi construído e as armadilhas de um discurso idealizado pela cidadania liberal, que impõe ao campo das políticas sociais o gerenciamento da pobreza e a manutenção das desigualdades sociais, que agora podem ganhar uma afeição mais humana, vinculadas ao discurso do capital social e do protagonismo individual.

Conheço Marta há mais de três décadas; fui sua professora na graduação, orientei seu TCC; fui sua professora na pós-graduação, orientei sua dissertação de mestrado e sua tese de doutorado, que agora está sendo publicizada neste livro. Nossa parceria acadêmica rendeu muitos frutos, e também rendeu uma profunda amizade que tem tecido nossas indagações sobre a profissão e o mundo. A convivência cotidiana construiu uma admiração profunda por essa Assistente Social, questionadora e propositiva, que tem feito dos seus espaços ocupacionais trincheiras de luta contra tudo que impede os outros de se colocar no mundo na condição de sujeito histórico. Nessa caminhada, temos reforçado a certeza de que nossas produções devem ser problematizadas democraticamente e devem materializar o compromisso com a mudança da realidade, aprofundando o conhecimento sobre a sociedade capitalista e nas brechas identificadas ocupar o espaço, problematizando-o. Nessa perspectiva, inscreve-se esta produção.

Desde o TCC, que expôs seu trabalho com mulheres que trabalhavam como garis na cidade de Porto Alegre, na sua dissertação em que a questão do sofrimento psíquico da população em situação de rua foi debatida, Marta tem pautado seus estudos evidenciando seu compromisso ético-político com a população que vai a busca de atendimento às suas demandas. Dar voz a esses sujeitos e pautar-se por suas descobertas ao ouvi-los, constitui-se em elemento nodal do livro que tenho a imensa honra de apresentar.

O campo empírico da pesquisa que materializa o texto foi à cidade de Porto Alegre, uma capital de grande porte, com quase dois milhões de habitantes. A implantação do Suas, na capital, foi eivada de inúmeras contradições. O comando único da política na cidade é realizado pela Fundação de Assistência Social e Cidadania (FASC) que passou por inúmeras modificações estruturais para oferecer as condições para implantação do Sistema Único de Assistência Social. Essa implantação ainda convive com uma presença marcante de serviços privados na prestação de atendimento a população. Os Centros de Referência de Assistência Social (Cras) responsáveis pela proteção social básica e os Centros de Referência Especializados de Assistência Social (Creas) que prestam atendimento de média e alta complexidade, e que são estruturas estatais, ainda não representam a maioria dos serviços existentes.

No movimento pela implementação do Suas em Porto Alegre, o estudo apresentado nesta obra é fundamental. Foram ouvidos usuários dos mais diversos serviços estatais — Cras, Creas e Acolhimento Institucional — e a questão central era avaliar se a Loas, em 1993, e a implantação do Suas, em 2004, tinha modificado a realidade encontrada pela pesquisa de Yazbek, já que a mesma foi feita em período anterior a vigência da legislação que regulou a política.

Os inúmeros serviços foram acionados e responderam positivamente ao estudo. Os sujeitos da pesquisa revelaram as inúmeras faces dessa relação que se estabelece quando alguém procura por atendimento a suas necessidades sociais. Com seus depoimentos, apontam para a relação contraditória que se explicita em cada situação. Evidencia-se que o debate quando coletivo, compreendido como imposto pela realidade vivenciada dá relevância a *rebeldia* e que sua conotação de situação individual, pautada pelas características pessoais ou familiares, dá espaço ao *conformismo*.

Se no estudo de Yazbek a subalternidade é quase identificada como a relação possível entre usuários e serviços, neste estudo essa subalternidade, embora ainda esteja presente, tem disputado espaço com o reconhecimento ao direito social e a luta pela garantia da proteção social.

O reconhecimento de possibilidade de pautar o atendimento a essa população na perspectiva de organização de suas lutas, na necessidade de atendimento de suas demandas como direito, e no desvendamento de suas lutas são elementos chaves para quem compreende o campo da política social como campo de disputa de projetos societários.

Como muito bem se refere uma usuária na pesquisa, ninguém nasceu para viver na insignificância. O seu depoimento, bem como o dos demais sujeitos, estão a exigir de todos nós, posição clara sobre o como articulamos a implantação da política de Assistência Social como um espaço de disputa, não só do fundo público, mas como da parcela da riqueza produzida socialmente, que é retornada aos seus produtores em forma de serviços assistenciais.

Este livro, escrito por uma Assistente Social comprometida com o projeto ético-político profissional e com um projeto societário livre de opressões, nos quais os serviços assistenciais possam estar dispostos aos sujeitos e ao atendimento de suas necessidades sociais na condição de cidadania, cumpre um papel fundamental no processo atual de consolidação da Assistência Social como política pública, reclamável.

Estão de parabéns e desafiados todos trabalhadores sociais, das diversas áreas do conhecimento, que hoje reclamam seu espaço profissional na política de Assistência Social por contarem agora com esta produção. Marta nos ensina que se queremos alterar a relação burocrática, com ênfase do gerenciamento da pobreza, nos espaços da Assistência Social, é preciso atentar para o que nos dizem coletivamente os sujeitos que nela vão buscar atendimento. Eles apontam que nesse espaço é possível romper com práticas que geram conformismo e buscar movimento de rebeldia, porque abrir espaço na sociedade capitalista para as necessidades do trabalho, a história já nos legou como grande ensinamento: exige luta. E nessa luta é fundamental discutir como esses sujeitos estarão presentes e serão ouvidos. Trazê-los para a cena política, reconhecer suas potencialidades para disputar o projeto societário revolucionário é uma perspectiva que compartilho integralmente com a autora.

Gramado, inverno de 2014.

A. S. Berenice Rojas Couto
Professora da Faculdade de Serviço Social da PUC-RS

Introdução

> Às vezes, eu me sinto vulnerável e, às vezes, eu
> me sinto protegido pela Política de Assistência
> Social [...].
>
> (Sujeito 6)

A discussão acerca da Política de Assistência Social no Brasil vem constituindo-se em objeto de pesquisa desde 2004, tendo como motivação também o fato de eu ser trabalhadora do órgão gestor de Assistência Social no município de Porto Alegre, onde os desafios no enfrentamento da questão social e da implantação dessa Política são cotidianos.

Há 24 anos desenvolvo atividades profissionais como Assistente Social na Fundação de Assistência Social e Cidadania (FASC) da Prefeitura Municipal de Porto Alegre e, há dois anos, como Diretora Técnica. A intenção de desenvolver esta pesquisa vem ao encontro de aprofundar e qualificar o trabalho que desenvolvo, bem como de contribuir, na Instituição e na Política de Assistência Social, para o processo de reordenamento institucional, o qual visa à implementação do Sistema Único da Assistência Social (Suas) na cidade.

Entende que avançar por intermédio da pesquisa significa ampliar as possibilidades de compreensão da práxis, combinando a intervenção com a produção teórica, com o intuito de construir uma teoria social que objetive o compromisso com a transformação social.

Segundo Iamamoto (2009, p. 25), o que move a ação profissional dos Assistentes Sociais "[...] não é a mera reiteração do instituído, mas o impulso ao protagonismo político dos sujeitos na articulação e defesa de suas necessidades e interesses coletivos na cena pública".

Dessa forma, o livro reflete sobre quem são os usuários da Assistência Social, sobre o caminho percorrido por eles e sobre suas contradições vivenciadas, desde a definição desse público, a partir da Constituição de 1988, como sujeitos de direitos, até os dias de hoje, quando do processo de implementação do Suas, que está em curso no país.

Portanto, a afirmação do Suas, como sistema de gestão e garantia de direitos sociais no campo da Assistência Social, exige o repensar dessa política, desafio que está posto na implementação de uma nova concepção e da política de proteção social no país e na tradução desta em nível micro, ou seja, na rede socioassistencial de Porto Alegre.

Nesse sentido, torna-se imprescindível dar visibilidade a quem hoje se define como usuário da política de assistência. Escutar os próprios sujeitos a partir de sua inserção na rede de serviços prestados e desvelar as diversas concepções que se encontram em jogo, na sociedade, quanto a quem procura a Política de Assistência Social, seja na perspectiva da garantia de direitos, conforme previsto no texto constitucional, seja até mesmo na perspectiva ainda vigente do sujeito "necessitado" ou "assistido".

A opção para definir os sujeitos a serem pesquisados se deu por entender-se a importância dessa escuta em um momento de construção de uma caminhada na Política de Assistência Social, ainda que inacabada, e pelo enriquecimento à pesquisa que os elementos apontados pelos usuários podem trazer. Tem sido muito usual que a escuta nas pesquisas seja feita a partir de gestores e trabalhadores da política, até mesmo pelo envolvimento que eles despendem no dia a dia de trabalho. Porém, ficava presente uma lacuna: a da presença da voz dos usuários como uma das contribuições essenciais para o processo de reflexão, implementação e avaliação do Suas.

Romper com a lógica constituída de conceitos dados como acabados no campo interventivo ou teórico e buscar o conhecimento por meio da realidade de quem a vive tornam-se o objeto de pesquisa deste estudo.

O projeto ético-político do Serviço Social, para Iamamoto (2009, p. 37), tem consequências: supõe uma visão de mundo articulada com uma ética correspondente e liga-se à ação, no sentido de interferir no comportamento dos homens e no enfrentamento dos conflitos sociais. Por meio da luta hegemônica, na condição de cidadãos e trabalhadores, tornam-se parte de um "sujeito coletivo" que partilha concepções e realiza, em comum, atos teleológicos articulados e dirigidos a uma mesma finalidade, como parte da comunidade política.

Portanto, entende-se como um fator de relevância desta pesquisa procurar dar voz ao segmento dos usuários, desvelando as diversas concepções que aí se encontram na definição desse segmento, a partir de suas próprias leituras, reafirmando o já previsto nas diretrizes do Suas, as quais representam a importância do protagonismo dos sujeitos demandatários na construção e na efetivação da Política de Assistência Social, o que também deve balizar a matriz de intervenção do Serviço Social.

Espera-se, dessa forma, contribuir para a implementação dessa política em Porto Alegre, proporcionando subsídios para seu aperfeiçoamento como política pública garantidora de direitos.

Pesquisar implica a busca constante da indagação e da descoberta da realidade. Significa realizar uma aproximação permanente a essa realidade, articulando a teoria e os dados empíricos a partir da intencionalidade imprimida ao tema de pesquisa conforme o interesse do pesquisador e seus significados. Ou seja, a própria escolha metodológica traduz-se num ato político, revelador da curiosidade e da própria construção do conhecimento.

A Lei Orgânica da Assistência Social (Loas) e a legislação que regulamentou a Política Nacional de Assistência Social (PNAS) no Brasil identificam os usuários dessa política como sujeitos de direitos. O acesso a ela deve dar-se na condição de cidadão. Este estudo buscou identificar como essa definição se materializa para os sujeitos que buscam atendimento na rede de serviços da Assistência Social e apresenta, como problema de pesquisa, a seguinte questão central: Como os usuários da Assistência Social vivenciam no cotidiano dos serviços do Suas a condição de sujeitos de direitos?

O estudo apresenta como objetivo geral procurar desvelar como os usuários da Política de Assistência Social se compreendem e se percebem na rede de serviços próprios do município de Porto Alegre, a partir da implementação do Suas. Para tanto, foi realizada uma pesquisa do tipo quanti-qualitativa ou misto fundamentado no método dialético-crítico.

Esse método de investigação científica tem por base a marca da totalidade, e seu caráter abrangente parte de uma perspectiva histórica acerca de um objeto do conhecimento por meio de suas mediações e correlações e pontua a riqueza e a propriedade da dialética marxista para a explicação do social. Portanto, a dialética, como método de abordagem do real, esforça-se para entender o processo histórico em seu dinamismo, provisoriedade e transformação (Minayo, 2000).

A pesquisa do tipo qualitativa fundamentada no método dialético-crítico propicia uma abordagem que favorece o contato direto do pesquisador com o sujeito pesquisado. Aproxima-o dos fatos a serem analisados, ou seja, da realidade social concreta, delineia o compromisso do pesquisador com o tema em estudo e avança na problematização para propor a superação e a transformação dessa realidade. A práxis, portanto, significa a aproximação, na essência e na universalidade, com o homem que cria, revela e compreende a realidade na sua totalidade. Kosik (1976, p. 202; grifo do autor) afirma que "[...] a *práxis* do homem não é atividade prática contraposta à teoria; é a determinação da existência humana como elaboração da *realidade*".

A combinação de enfoques qualitativos com quantitativos em um mesmo estudo resulta no que tem sido denominado de método misto (Creswell, 2010) e possibilita não a oposição de dados qualitativos e quantitativos, mas a combinação e a articulação entre eles. Esse tipo de enfoque pauta-se na concepção chamada pelo autor de "reivindicatória e participatória" e é um:

[...] tipo de pesquisa que pretende dar voz aos sujeitos pesquisados e contribuir com a elevação de sua consciência, [...] no sentido de contribuir com mudanças que possam ter impactos na melhoria de vida dos sujeitos (Prates, 2012, p. 124).

O presente estudo buscou essa intencionalidade e desenvolveu-se por meio da pesquisa documental e empírica.

No campo documental, foram realizadas a revisão dos referenciais teóricos e a análise de projetos e documentos escritos sobre o tema estudado, propiciando o contato direto com o que já foi escrito, dito ou filmado sobre o assunto. A pesquisa empírica foi desenvolvida nos serviços de atendimento da Política de Assistência Social da rede própria, no município de Porto Alegre, executada pela Fundação de Assistência Social e Cidadania (FASC), no período de dezembro de 2011 a maio de 2012. Tal escolha pela rede estatal pública deve-se à novidade, nesse campo da primazia do Estado, da condução e da oferta de serviços como garantia de direito de cidadania.

Os entrevistados são usuários da rede de serviços próprios da FASC. A amostra intencional por quotas foi definida por sujeitos atendidos nos três níveis de complexidade da política social, ou seja, na Proteção Social Básica e Especial, de Média e Alta Complexidade, totalizando dez envolvidos, sendo que os serviços de atendimento foram escolhidos a fim de dar conta das nove regiões da Assistência Social da cidade.[2] Também se procurou, na amostra, contemplar homens e mulheres, jovens, adultos e idosos na mesma proporcionalidade. Buscaram-se cinco usuários atendidos na Rede Básica, três da rede de Média Complexidade e dois da de Alta Complexidade, dos seguintes serviços: Centro de Referência de Assistência Social (Cras) Centro, Cras Hípica, Cras Norte, Cras Lomba do Pinheiro (aldeia indígena); Centro de Referência Especializado de Assistência Social

---

2. Essa divisão por regiões da Assistência Social é adotada pela Prefeitura Municipal de Porto Alegre, assim constituída: Glória, Cruzeiro e Cristal; Restinga e Extremo-Sul; Sul e Centro-Sul; Centro, Ilhas, Humaitá-Navegantes; Norte e Noroeste; Eixo-Baltazar e Nordeste; Leste; Partenon e Lomba do Pinheiro.

(Creas) Restinga, Creas Eixo-Baltazar e Centro de Referência Especializado de Assistência Social para Pessoas em Situação de Rua (Centro POP); Abrigo Marlene e Abrigo Bom Jesus. A definição dos entrevistados deu-se por indicação das equipes de referência dos serviços, as quais os escolheram depois de conversas realizadas comigo. Antes da execução das entrevistas, fizeram-se visitas aos serviços (totalizando duas idas a cada local) para conhecer e explicar a intencionalidade da pesquisa aos sujeitos da amostra. Após a concordância dos escolhidos, foram entrevistados por mim e filmados por um assistente de pesquisa, o qual operou o processo da filmagem.

O presente estudo também obteve como produto um vídeo com os sujeitos pesquisados a partir do material coletado durante as entrevistas, o qual revela a expressão e os significados que os sujeitos têm de si na condição de usuários da Política de Assistência Social. A opção por executar o vídeo deu-se justamente pelo desejo de realmente fazer com que a voz dos sujeitos fosse também revelada a partir de sua própria imagem. O vídeo foi uma atividade que complementou o processo de investigação, mas teve uma relevância muito significativa tanto para os sujeitos pesquisados como para os trabalhadores envolvidos e, sem dúvida, para mim.

Assim, o produto final da pesquisa só terá sentido se ele retornar aos sujeitos investigados como compromisso assumido. Nesse caso, entende ser relevante firmar esse compromisso, uma vez que um dos grandes desafios postos, atualmente, para a Política de Assistência Social é a efetividade do protagonismo dos usuários do Sistema, e este estudo pretende analisar esse desafio.

Faz parte ainda do estudo um diálogo complementar realizado com a professora doutora Maria Carmelita Yazbek, que, em sua tese de doutorado,[3] debateu o papel da subalternidade na relação entre o usuário e a Assistência Social. O evento também foi filmado, com o objetivo de

---

3. Esse estudo, que está publicado no livro *Classes subalternas e Assistência Social* (Yazbek, 2009), tem sido referência para a área e foi realizado no período que antecedeu a Lei Orgânica de Assistência Social.

colher informações sobre a compreensão da autora sobre a evolução do tema na sociedade brasileira, decorridos 20 anos da publicação de seu estudo. Tal diálogo também compõe o vídeo já mencionado.

As entrevistas seguiram um roteiro e tiveram como base as categorias teóricas desenvolvidas por Coutinho (2008), mencionadas a seguir, como o conceito de cidadania, as conceituações desenvolvidas pela PNAS (Brasil, 2004) e as concepções da própria Política de Assistência Social e de seus usuários. As demais categorias de análise teóricas utilizadas no estudo são cultura e cultura popular, fundamentadas em Chaui (1996), e reprodução social, segundo Iamamoto (2009).

Cidadania

> [...] capacidade conquistada por alguns indivíduos, ou (no caso de uma democracia efetiva) por todos os indivíduos, de se apropriarem dos bens socialmente criados, de atualizarem todas as potencialidades de realização humana abertas pela vida social em cada contexto, historicamente determinado. [...] A cidadania não é dada aos indivíduos de uma vez para sempre, não é algo que vem de cima para baixo, mas é resultado de uma luta permanente, travada quase sempre a partir de baixo, das classes subalternas, implicando um processo histórico de longa duração (Coutinho, 2008, p. 50-51).

As formações social e política brasileiras, calcadas em uma base escravagista e marcadas por relações clientelistas, não favoreceram a construção de espaços democráticos e de lutas por direitos e cidadania. Ao contrário, no Brasil, vivenciou-se uma lógica invertida na instituição de direitos, como a de concessões e benesses. A partir dessa história vivida, é fundamental entender como a cidadania se estabelece entre os indivíduos, em uma sociedade como a nossa, marcada por relações hierárquicas com cunho autoritário e níveis de desigualdade tão grandes, em que todos são iguais perante a lei, no entanto, na prática, as relações que se estabelecem ultrapassam a esfera legal e expressam as relações desiguais de autoritarismo e clientelismo.

Política Nacional de Assistência Social (PNAS)

[...] a assistência social, direito do cidadão e dever do Estado, é Política de Seguridade Social não contributiva, que provê os mínimos sociais, realizada através de um conjunto integrado de iniciativa pública e da sociedade, para garantir o atendimento às necessidades básicas (Cress, 2000, p. 34).

A nova concepção de Assistência Social a partir de 2004, como direito à proteção social e à seguridade social, tem duplo efeito: o de suprir, sob dado padrão predefinido, um recebimento e o de desenvolver capacidades para maior autonomia. Nesse sentido, ela é aliada aos desenvolvimentos humano e social e não tuteladora ou assistencialista, ou, ainda, não só provedora de necessidades ou vulnerabilidades sociais. O desenvolvimento depende também da capacidade de acesso, vale dizer, da redistribuição, ou melhor, distribuição dos acessos a bens e recursos, isso implica incremento das capacidades de famílias e indivíduos. A inserção na Seguridade Social aponta, também, seu caráter de Política de Proteção Social articulada a outras políticas do campo social, voltadas à garantia de direitos e de condições dignas de vida (Brasil, 2004).

Usuários

Constitui o público usuário da política de Assistência Social, cidadãos e grupos que se encontram em situações de vulnerabilidade e riscos, tais como: famílias e indivíduos com perda ou fragilidade de vínculos de afetividade, pertencimento e sociabilidade; ciclos de vida; identidades estigmatizadas em termos étnico, cultural e sexual; desvantagem pessoal resultante de deficiências; exclusão pela pobreza e, ou, no acesso às demais políticas públicas; uso de substâncias psicoativas; diferentes formas de violência advinda do núcleo familiar, grupos e indivíduos; inserção precária ou não inserção no mercado de trabalho formal e informal; estratégias e alternativas diferenciadas de sobrevivência que podem representar risco pessoal e social (Brasil, 2004, p. 27).

A definição de usuários prevista na PNAS representa certo avanço para a Política de Assistência Social, a qual rompe com a visão apresentada na Lei Orgânica de Assistência Social, que trabalha na lógica de usuários na condição de segmentos populacionais definidos por gênero ou faixas etárias e amplia sua definição a todos os indivíduos ou famílias que necessitarem da política. Assim, a intenção deste livro é também apresentar como esses sujeitos que demandam a política se compreendem como seus usuários e o que essa mudança reflete em seus dia a dia.

Cultura

Em sentido amplo, Cultura é o campo simbólico e material das atividades humanas, estudadas pela etnografia, etnologia e antropologia, além da filosofia. Em sentido restrito, isto é, articulada à divisão social do trabalho, tende a identificar-se com a posse de conhecimentos, habilidades e gostos específicos, com privilégios de classe, e leva á distinção entre cultos e incultos de onde partirá a diferença entre cultura letrada-erudita e cultura popular (Chaui, 1996, p. 14).

Cultura popular

[...] conjunto disperso de práticas, representações e formas de consciência que possuem lógica própria (o jogo interno do conformismo, do inconformismo e da resistência), distinguindo-se da cultura dominante exatamente por essa lógica de práticas, representações e formas de consciência (Chaui, 1996, p. 25).

A formação social da sociedade brasileira constitui-se de elementos que servem de base para a legitimação de uma cultura conservadora, utilizada pelas classes dominantes para a reprodução das formas de dominação das classes subalternas. É necessário entender essas formas hegemônicas de dominação no sentido de construir possibilidades de se contrapor a elas. A Política de Assistência Social ocupa um papel importante nessa trajetória, pois, na própria política de assistência, perpetuam-se essas formas de dominação por meio, ainda, de práticas clientelistas, as quais são contraditórias à construção de uma política com valores pautados na democracia e na efetividade de direitos.

Reprodução social

[...] a reprodução das relações sociais na sociedade capitalista na teoria social crítica é entendida como reprodução desta sociedade em seu movimento e em suas contradições: a reprodução de um modo de vida e de trabalho que envolve o cotidiano da vida social. O processo de reprodução das relações sociais não se reduz, pois, à reprodução da força viva de trabalho e dos meios materiais de produção, ainda que os abarque. Ele refere-se à reprodução das forças produtivas sociais do trabalho e das relações de produção na sua globalidade, envolvendo sujeitos e suas lutas sociais, as relações de poder e as lutas de classes. Envolve a produção da vida material e da vida espiritual, isto é, das formas de consciência social-jurídicas, religiosas, artísticas, filosóficas e científicas — por meio das quais os homens tomam consciência das mudanças ocorridas nas condições materiais de produção da vida material, pensam e se posicionam na sociedade (Iamamoto, 2009, p. 23).

Nesse campo é importante atentar para as formas de reprodução tanto da condição subalterna dos usuários como de suas formas de resistência a essa subalternidade. A reprodução social abrange um campo importante para o desvendamento das condições em que a política se insere na vida da população brasileira.

Para fins da análise realizada, foram essenciais as categorias explicativas do método dialético-crítico (historicidade, totalidade e contradição), pois a interlocução com elas propiciou que os achados da pesquisa e a análise documental pudessem materializar-se. As categorias auxiliam na explicação de um fenômeno e, até mesmo, podem orientar processos interventivos, ao serem partes constitutivas de um todo. No entanto, conforme Prates (2012, p. 122), "[...] sua interconexão com os demais elementos que conformam o fenômeno, na perspectiva dialético-crítica, é fundamental para que possamos explicá-lo como unidade dialética, sem reduzir-lhe o sentido".

As informações colhidas na pesquisa foram analisadas a partir da técnica de análise de conteúdo (Bardin, 1977) e possibilitaram essa interconexão com as categorias já mencionadas. A análise de conteúdo segue as etapas para o processo de tratamento de dados, quais sejam: a pré-análise, a descrição analítica e a interpretação inferencial. A pré-análise constitui-se na organização geral do material por meio da chamada *leitura flutuante*. A segunda etapa caracteriza-se pela análise do material e dos documentos que compõem o *corpus* e dá-se a partir de um estudo mais aprofundado, orientado por hipóteses e referenciais teóricos escolhidos. Nessa etapa, realizam-se a codificação, a classificação e a categorização das categorias iniciais, intermediárias e finais. E a última etapa, interpretação inferencial, apoia-se nos materiais empíricos e estabelece as relações e inferências no tratamento dos dados por meio da análise e da síntese das categorias finais, estabelecendo nexos entre as categorias teóricas, empíricas e do método, possibilitando, assim, uma aproximação maior, bem como o desvendamento e a interpretação dos fenômenos pesquisados (Triviños, 1987; Bardin, 1977).

Como referencia Yazbek (2005, p. 156):

> [...] é tarefa da pesquisa evidenciar os processos sociais e históricos de um tempo e lugar, em suas múltiplas dimensões, nos mostrando como a realidade se tece e se move pela ação dos sujeitos sociais. São, portanto, as relações sociais, as urgências históricas e as teorias sociais que as explicam, que dão sentido aos estudos e pesquisas, no âmbito social.

A escolha pelo enfoque misto justifica-se a partir do momento que este estudo se propõe a dar voz aos sujeitos que acessam a Política de Assistência Social, trazendo, por meio de suas narrativas, as concepções que esses próprios sujeitos têm de si mesmos a partir de suas vivências cotidianas e nos serviços de atendimento em Porto Alegre.

A investigação com enfoque qualitativo segue pressupostos que reconhecem a singularidade do sujeito no discurso ou na ação, ouvindo-o, escutando-o, permitindo que ele se revele; salienta a importância de se reconhecer a experiência social do sujeito, ou seja, seu modo de vida expressado em sua cultura (Martinelli, 1999).

As filmagens foram realizadas nos próprios serviços da Fundação de Assistência Social e Cidadania (FASC), da Prefeitura Municipal de Porto Alegre. No filme, a identidade dos sujeitos é revelada por suas próprias imagens e falas, conforme autorizado no momento da filmagem por meio de Termo de Consentimento Livre e Esclarecido.

Ao todo, foram dez sujeitos entrevistados. A seguir, apresenta-se um pouco do perfil e das vivências de cada um, percebendo-se que possuem características comuns e também diversas, marcadas pela condição própria de cada um, no entanto, identificando o fato de todos serem "usuários" da Política de Assistência Social.

O **Sujeito 1** tem 36 anos, é do sexo feminino (casada e mãe de três filhos: uma menina de 13 anos, e dois meninos, um de oito anos e outro de seis). Possui ensino médio completo e sonha em fazer uma faculdade, preferencialmente, de Serviço Social. Durante dez anos, morou na Vila do Chocolatão, onde exercia função de liderança comunitária. Seu marido possui emprego fixo e trabalha como soldador e montador. Após o reassentamento da Vila onde moravam, permaneceram, por pouco tempo, no novo loteamento. Em razão das desavenças entre as lideranças desse novo local de moradia, necessitou deixar a casa conquistada juntamente com sua família "na calada da noite" (*sic*), sob ameaças frequentes de morte por parte dos traficantes que comandavam a vila. Atualmente, trabalha com reciclagem e aguarda, na casa de familiares, um novo reassentamento na região central da cidade, para adquirir outra casa. Seu serviço de referência é o Cras Centro (região Centro).

O **Sujeito 2** tem 52 anos, é do sexo masculino e morador da aldeia indígena no bairro Lomba do Pinheiro. Substituiu o cacique no momento da entrevista, pois ele havia viajado para o interior do Estado, a fim de se reunir com os demais caciques, em razão de um problema ocorrido em sua tribo. Para não romperem com o compromisso assumido com a pesquisadora, o Sujeito 2 falou em nome da tribo e mencionou a importância da Política de Assistência Social com a concessão do Programa Bolsa Família (PBF). No entanto, entendeu que se deveria também entrevistar outro componente da aldeia, referindo que essa pessoa complementaria seu depoimento. Sendo assim, sua sugestão foi acatada e realizou-se a entrevista com o **Sujeito 3**, ampliando, portanto, a amostra da pesquisa, que, em seu projeto original, seria de nove entrevistados. Seu serviço de referência é o Cras Lomba do Pinheiro (região Leste).

O **Sujeito 3** tem 34 anos, é do sexo masculino e também morador da aldeia indígena no bairro Lomba do Pinheiro. Acompanhou todo o processo de conquista das terras na região, alegando que foi uma luta difícil, uma vez que os órgãos públicos hesitaram em cedê-las à ocupação da tribo. Tem participado de fóruns, como os do Orçamento Participativo e das Conferências Municipais de Assistência Social, como representante dos indígenas. Seu serviço de referência é o Cras Lomba do Pinheiro (região Leste).

O **Sujeito 4** tem 35 anos, é do sexo feminino, mãe de cinco filhos (dois meninos e três meninas) de 20, 16, 15, 14 e 7 anos. É casada há 21 anos e reside em casa própria, com toda a sua família, no mesmo bairro do Cras. Há um ano e meio, deixou de trabalhar para cuidar de sua mãe de 84 anos, portadora do Mal de Alzheimer, a qual reside em sua casa. Seu marido trabalha como guarda-noturno e recebe o benefício do Programa Bolsa Família para complementar a renda familiar. Refere buscar a Assistência Social, via Cras, diariamente, para obter os benefícios e serviços e também para fazer "desabafos". Seu serviço de referência é o Cras Hípica (região Centro-Sul).

O **Sujeito 5** tem 44 anos e é do sexo masculino. Trabalha, à noite, como vigia em obra. Casado há 20 anos, é pai de gêmeos, também com 20 anos. Sua esposa possui 40 anos e deixou de trabalhar quando da sua primeira internação psiquiátrica, ao todo, já teve quatro. Buscaram o serviço do Cras por meio de encaminhamento da área da saúde, com o intuito de receber benefícios, como passagens de ônibus para a realização do tratamento de sua esposa. No início, ela obteve o direito de receber o Benefício de Prestação Continuada (BCP), o que considera ter-lhes ajudado a suprir suas necessidades, não necessitando mais do serviço de Assistência Social. Seu serviço de referência é o Cras Norte (região Norte).

O **Sujeito 6** tem 44 anos, é do sexo masculino, solteiro, e sua escolaridade é até o segundo ano do ensino fundamental. Encontra-se em situação de rua há quase dez anos e trabalha em ocupações temporárias, na construção civil. Frequenta os serviços da rede de atendimento para pessoas em situação de rua quase diariamente e faz parte do Movimento Aquarela.[4] Seu serviço de referência é o Centro POP (região Centro).

O **Sujeito 7** tem 29 anos, é do sexo feminino e estudou até o primeiro ano do ensino médio. Possui três filhos (dois meninos de 13 e 12 anos, os quais moram em um semi-internato, e uma menina, de dois anos, que fica, durante o dia, na creche). Separou-se recentemente. É usuária de drogas (*crack*), motivo que a levou a ter 12 internações hospitalares. Sofreu violência doméstica, razão pela qual foi encaminhada, juntamente com as crianças (vítimas de abuso sexual), para acolhimento em uma Casa para Mulheres Vítimas de Violência. Atualmente, refere estar em uma boa fase e manifesta o desejo de trabalhar em algo que "possa lidar com o público". Recebe o benefício do PBF. Seu serviço de referência é o Creas Restinga (Região Extremo-Sul).

O **Sujeito 8** tem 35 anos, é do sexo feminino (casada, possui cinco filhos: dois meninos, de 13 e 10 anos, e três meninas, uma de sete anos e gêmeas com cinco). Seu filho de 10 anos possui deficiência

---

4. Composto por pessoas em situação de rua em Porto Alegre, o Movimento Aquarela é um dos fóruns representativos dessa população na cidade. Realiza seus encontros na Casa de Convivência da FASC, hoje Centro POP.

e frequenta uma escola especial. Há um ano, está em abstinência de uso de *crack*. Fez tratamento no Centro de Atendimento Psicossocial, onde recebeu alta. Há quatro anos busca o atendimento da Política de Assistência Social em razão de seus filhos terem sido levados para o acolhimento institucional, permanecendo abrigados durante oito meses. Na ocasião de sua abstinência, obteve a guarda dos filhos novamente. Trabalha em casa com venda de objetos usados — "um brechozinho". Seus filhos foram, novamente, levados para o acolhimento institucional em decorrência de denúncias de abuso sexual pelo pai, motivo pelo qual ele foi afastado de casa. No momento da entrevista, estava aguardando a decisão judicial quanto à volta das crianças para casa. Recebe uma bolsa-auxílio da FASC e também é beneficiária do PBF. Permanece em abstinência pelo uso da droga e considera-se "uma vencedora" por isso, referindo, por meio do vídeo, poder contar e servir de exemplo a todos que necessitam parar de usar drogas. Seu serviço de referência é o Creas Eixo-Baltazar e Nordeste (região Eixo-Baltazar e Nordeste).

O **Sujeito 9** tem 42 anos, é do sexo masculino. Está completando o ensino médio, porém em situação de rua, aguardando a chamada no Programa Minha Casa, Minha Vida, a fim de se mudar para um apartamento em fase de conclusão, em loteamento na região sul da cidade. É solteiro, recebe benefício do Instituto Nacional do Seguro Social (INSS) devido a um acidente de trabalho. É integrante do Movimento Aquarela e tem acompanhado, em razão disso, as discussões do Movimento Nacional dos Moradores em Situação de Rua. Participou, no ano passado, do grupo de representantes dos usuários na FASC, na elaboração do Plano Municipal de Enfrentamento à Situação de Rua na cidade de Porto Alegre. Seu serviço de referência foi o Abrigo Marlene (localizado na região Centro).

O **Sujeito 10** tem 55 anos, é do sexo masculino e cursou até o quinto ano do ensino fundamental. Sua história de vida é marcada pela vivência nas ruas e pela dependência química. Desde os 14 anos vive em situação de rua, entre idas e vindas ao convívio familiar. Já foi casado e possui dois filhos, porém não tem mais contato com sua família.

Estabeleceu vínculos com os serviços da rede de atendimento à população em situação de rua, por onde tem circulado nos últimos 15 anos. Encontra-se em tratamento para a dependência química e apresenta quadro de depressão. Atualmente, está em acolhimento institucional e refere que, na Assistência Social, teve a "oportunidade para sair do buraco" (sic). Seu serviço de referência é o Abrigo Bom Jesus (região Leste).

Conhecer um pouco de cada um dos sujeitos revelou que, a partir dessa aproximação que se estabeleceu entre pesquisadora e entrevistado, foi possível vencer certo receio de que o processo da filmagem pudesse atrapalhar o estudo.[5] Pelo contrário, vivenciou-se um processo de extremo respeito e confiança entre todos.

Inicialmente, gostaria de mencionar o quanto foi decisiva a boa acolhida da pesquisa por parte das equipes dos serviços da FASC. Os colegas empenharam-se em definir os sujeitos para a amostra e também proporcionaram, em seus Centros ou Acolhimentos Institucionais, condições favoráveis para ter contato com os entrevistados e realizar as filmagens. Percebe-se que esse envolvimento tem a ver com o momento que a Instituição tem vivido nos últimos anos, de reordenamento com vistas à implementação do Suas e do trabalho que as equipes vêm desenvolvendo no sentido de qualificar os serviços. A aceitação das equipes para participar do processo da pesquisa firmou um compromisso, o que me trouxe momentos de satisfação e reconhecimento de meu trabalho cotidiano, pois fica presente o quanto um dos objetivos esperados do estudo — contribuir para o repensar da Política de Assistência Social na Instituição — leva a obter parcerias importantes. Também se reflete sobre certas barreiras, que podem ser vencidas, como aquelas que causam desconfiança e medo nos processos de estudo que, por vezes, expõem o que é feito nos serviços.

---

5. Esse ponto é levantado por Loizos (2002) em sua discussão sobre o uso de vídeo, filme ou fotografia como documento de pesquisa. O autor considera que o uso da filmagem pode gerar distrações nas pessoas investigadas e, até mesmo, impedir que se comportem naturalmente.

Semelhante foi a acolhida por parte dos entrevistados. Sem fazer uso de uma visão romanceada, foi muito gratificante obter deles o reconhecimento pela pesquisa. Tiveram uma postura impecável, ao mesmo tempo em que se sentiram valorizados por fazer parte dessa investigação acadêmica, que também produziu um vídeo. Todos os encontros marcados foram cumpridos, no local e na hora combinados. Nos momentos de filmagem, eles compareceram arrumados, as mulheres usando maquiagem. Todos com vontade de falar e serem ouvidos, cada um da sua maneira. Por vezes, diante da câmera, achavam que haviam se atrapalhado e, sem nenhum constrangimento, paravam e retomavam suas falas.

Totalizamos mais de três horas de filmagem. Todo o material foi transcrito, o que propiciou a análise de conteúdo para o trabalho. No entanto, para a realização final do vídeo, foi necessário um processo de seleção das imagens, o que gerou, também, muitas horas de análise e decisão sobre o que selecionar, pois o limite do vídeo era 25 minutos. Este livro requereu a parceria com outros profissionais ligados ao campo audiovisual, pois suas habilidades foram fundamentais para o processo de finalização, o que incluiu a edição do material. O estudo contou com o trabalho de dois profissionais da área de cinema, dos quais foram obtidas contribuições valiosíssimas para a execução do filme e que ultrapassaram os limites do que era competência de cada um. Por diversos momentos, travaram-se discussões sobre o que estava aparecendo no filme e como seria aproveitada melhor a imagem x ou y, fazendo correlações com o tema estudado.

A estratégia de uso do vídeo foi, ao mesmo tempo, desafiadora e recompensadora. O desafio aparece, pois lidar com uma área que foge ao nosso domínio sempre gera desconforto. Também a falta de incentivo financeiro para pesquisa que requer o uso de equipamentos e processos de finalização pode prejudicar o andamento da pesquisa. Mesmo com os recursos hoje mais disponíveis para o processo de filmagem, ainda se faz necessário certo investimento tanto na coleta quanto na finalização, pois é preciso fazer a contratação de serviços de terceiros. A recompensa acontece quando, ao final do produto, pode-se perceber que, para além do que foi analisado e dito, a voz dos sujeitos ficou materializada por suas próprias falas e imagens, eivadas de suas expressões e sentidos, revelando o protagonismo de cada um.

Os achados desta pesquisa fazem um diálogo com as análises teóricas desenvolvidas ao longo dos capítulos deste livro, oportunizando a riqueza da interlocução do que está sendo trazido pelos sujeitos pesquisados com a teoria estudada e construída.

A composição desta obra foi organizada a partir desta introdução, três capítulos, os quais usam o diálogo da pesquisa documental e bibliográfica com a análise dos dados colhidos nos depoimentos de campo como método de exposição, buscando a interação permanente entre eles, e a conclusão.

O Capítulo 1 — *Pobreza e subalternidade* — apresenta elementos para possibilitar a compreensão das categorias pobreza e subalternidade e identificar como elas são determinantes e influenciam a definição e a constituição dos sujeitos demandatários da Política de Assistência Social no Brasil. Analisa o quanto a formação do Estado brasileiro, com cunho patrimonialista e conservador, interfere nas determinações históricas e favorece, em razão de sua cultura política, a constituição da subalternidade nas classes populares, perpetuando concepções assistencialistas, até mesmo no trato que os governos pós-Constituição de 1988 vêm dando ao enfrentamento à pobreza no país.

O Capítulo 2 — *A proteção social no contexto brasileiro: dos anos 1930 ao Sistema Único de Assistência Social* — traça a trajetória da proteção social no Brasil, focando o movimento histórico-político da Assistência Social a partir da Constituição Federal de 1988 até os dias de hoje, na efetivação do Suas e de seus desdobramentos no município de Porto Alegre. Nesse capítulo, problematiza-se o atual estágio de implementação do Suas na cidade bem como apresentam-se os Serviços onde foram realizadas as entrevistas.

O Capítulo 3 — *Cidadania, direitos sociais e usuários* — desvela como a questão da cidadania e dos direitos sociais possibilita a constituição de uma sociedade como a brasileira, em que sua formação político-social é eivada de traços conservadores e autoritários, que demarcam as relações de poder estabelecidas ainda hoje. Analisa-se, a partir da categoria cidadania, como ela se revela na vida dos entrevistados, com base em seus próprios entendimentos, tentando responder se eles se percebem como sujeitos de direitos e demandatários da Política de Assistência Social. E, por fim, procura apontar elementos dessa política que contribuem tanto ao exercício do consenso produzido institucionalmente como ao do protagonismo de seus usuários.

A Conclusão traz a análise sobre o objeto desta pesquisa. Ressalta-se o papel preponderante dos usuários na condição de protagonistas se a perspectiva apontada for efetivamente materializar a Política de Assistência Social como recurso reclamável pela população na condição de cidadania.

1

A pobreza e subalternidade

> Eu acho que é pra dar atendimento aos desfavo-
> recidos, que no caso sou eu, as pessoas mais
> humildes, que não têm condições. Então eu acho
> que foi criada, pra dar assistência no caso pra
> pessoas assim, famílias pobres, que não têm
> condições nem financeira e, no meu caso até
> psicologicamente, eu não sabia a quem procurar.
> (Depoimento do Sujeito 5)

O diálogo entre as categorias pobreza e subalternidade é essencial no debate acerca dos sujeitos demandatários da Política de Assistência Social. O propósito deste capítulo é relacioná-las com as marcas indeléveis que as classes subalternizadas sofreram e ainda sofrem na sociedade brasileira, reforçadas pela existência de uma cultura conservadora e discriminatória e pelos agravos de um país que convive com índices tão elevados de desigualdade.

O capítulo constitui-se de dois eixos. O primeiro trata da pobreza, como categoria multidimensional, e dos reflexos de seu enfrentamento no país, o que pode traduzir a contradição entre os discursos governamentais de combate à miséria e a perpetuação de mecanismos excludentes em nossa sociedade, também expressados nos achados da pesquisa. O segundo apresenta o diálogo com a subalternidade, como categoria política, que representa os sujeitos demandatários da Assistência, e as possíveis formas de superação dessa condição na perspectiva da constituição de sua cidadania.

1.1 Pobreza

Falar de pobreza significa entender que ela é expressão direta das relações vigentes na sociedade do capital, onde riqueza e miséria convivem legitimando as desigualdades.

> A pobreza brasileira é produto dessas relações que, em nossa sociedade, a produzem e reproduzem, quer no plano socioeconômico, quer nos planos político e cultural, constituindo múltiplos mecanismos que "fixam" os pobres em seu lugar na sociedade. [...] é uma categoria multidimensional, e, portanto, não se expressa apenas pela carência de bens materiais, mas é categoria política que se traduz pela carência de direitos, de oportunidades, de informações, de possibilidades e de esperanças (Yazbek, 2010, p. 153).

Desvelar conceitos como os de pobre, pobreza, exclusão e subalternidade exige de todos os interessados no debate em torno dos usuários da Política de Assistência Social o compromisso de romper com os conceitos até então dados como "naturais" ou "aceitáveis" no cotidiano interventivo ou teórico. Significa ir além daquilo que se explicita, uma vez que se trata de problemas sociais. Conhecer a realidade profundamente para além do que Martins (2008) denomina de "consciência reacionária da pobreza" é urgente e necessário, pois falar dos pobres como "desprivilegiados" ou "excluídos" é falar de algum lugar, como bem interpreta o autor, de alguém privilegiado ou incluído, ou seja, dos integrados, dos que aderiram ao sistema.

O trato com a questão de sujeitos fragilizados, vulneráveis, desqualificados, desfiliados ou outras denominações sempre encontrou e ainda continua tendo espaço na história.

Como referencia Castel (2008, p. 23) em sua obra clássica *A metamorfose da questão social*:

> [...] voltar-se para o passado com uma questão que é a nossa questão hoje, e escrever o relato de seu advento e de suas principais peripécias [...] é também um efeito de herança, e a memória de tal herança nos é necessária para compreender e agir hoje.

Somente após os anos 1930, a pobreza começou a ser tratada como questão social, ou seja, como decorrência da tomada de consciência por parte da sociedade de que havia a existência de populações, ao mesmo tempo, agentes e vítimas da Revolução Industrial, constituindo a chamada "questão do pauperismo". Apareceu o desafio à sociedade liberal que se formava, pois essa corria "[...] o risco de explodir devido às novas tensões sociais que são a consequência de uma industrialização selvagem" (Castel, 2008, p. 30). Então, a cristalização de sujeitos na periferia da estrutura social designa os vagabundos de antes da Revolução Industrial, os miseráveis do século XIX, e define-se pelos excluídos de hoje: "[...] a questão social se põe explicitamente às margens da vida social, mas 'questiona' o conjunto da sociedade" (Castel, 2008, p. 34). Acrescenta o autor, ao referir-se à questão social nos diversos contextos de sociedade, seja ela "pós-industrial" ou "pós-moderna": "[...] a condição preparada para os que estão *out* depende sempre da condição dos que estão *in*" (Castel, 2008, p. 34).

Nessa perspectiva, entender a questão do trabalho como determinante para a inserção dos sujeitos na estrutura social da sociedade salarial, como suporte privilegiado, significa dizer que o contrário, ou seja, a ausência da participação em qualquer atividade produtiva reserva a esses sujeitos a condição de excluídos. Diversos autores, como Castel, Martins e Sposati, referem que a condição de sujeito excluído não está diretamente relacionada à condição de pobreza dos sujeitos, embora reafirmem que a essa parcela da população estão reservadas as maiores dificuldades de inserção social.

Castel (2008, p. 26) prefere o uso do termo "desfiliação" ao de "exclusão", ao entender que este último se caracteriza por ser estanque, ou seja, "[...] designa um estado, ou melhor, estados de privação. Mas a constatação de carências não permite recuperar os processos que engendram essas situações". Já a noção de "desfiliação", para o autor, não ratifica uma ruptura, uma vez que pode reconstruir um percurso e permitir a identificação das zonas de vulnerabilidade que ocuparão conforme ocorrer sua estabilidade na estrutura social. Essa vulnerabilidade social caracteriza-se por zonas intermediárias instáveis, ou seja, pontuadas pelas relações de precariedade do trabalho ou da fragilidade dos suportes de proximidade ou de redes de sociabilidade, de proteção social a que os sujeitos se inserem. Quando essas zonas intermediárias se dilatam, aumenta a desproteção e avança a noção de desfiliação.

Ainda no debate francês, Paugam (2003), ao analisar o tema da exclusão, refere o uso do conceito "desqualificação social", pois entende ser uma abordagem mais adequada, ao compreender os processos que alcançam as camadas da população no que diz respeito a mudanças que produzem acúmulo progressivo de dificuldades decorrentes, principalmente do desemprego prolongado e da precarização do trabalho. A desqualificação social, portanto, além do processo que desfaz vínculos sociais, avança na abordagem das relações vivenciadas por essas populações e de suas experiências vividas em relação à assistência que as acompanham em diferentes fases da vida, as quais o autor denomina de "fragilidade", "dependência" e "ruptura dos vínculos sociais".

No debate brasileiro sobre o tema da exclusão, Martins (2008, p. 20) esclarece que esse é um sintoma grave, que não se restringe aos chamados excluídos e que é resultado de uma transformação que vem, rapidamente, fazendo de todos os seres humanos seres descartáveis, reduzidos à condição de coisa, "forma extrema de vivência da alienação e da coisificação da pessoa". Refere-se à exclusão moderna como:

> Um problema social porque abrange a todos: a uns porque os priva do básico para viver com dignidade, como cidadãos; a outros porque lhes impõe o

terror da incerteza quanto ao próprio destino e ao destino dos filhos e dos próximos. A verdadeira exclusão está na desumanização própria da sociedade contemporânea, que ou nos torna panfletários na mentalidade ou nos torna indiferentes em relação aos seus indícios visíveis no sorriso pálido dos que não têm um teto, não têm trabalho e, sobretudo, não têm esperança (Martins, 2008, p. 21).

Para o autor, como reflexão crítica, a categoria exclusão expressa incerteza e insegurança teórica na compreensão dos problemas sociais da sociedade contemporânea e é fruto da construção ou de projeções daqueles que se sentem ou julgam participantes da sociedade, ou seja, dos que se sentem incluídos. A categoria "excluído" é um rótulo abstrato, não é verificável na prática, na vivência dos chamados excluídos, pois não corresponde a nenhum sujeito de destino (Martins, 2008).

Ao mesmo tempo em que se identifica, na sociedade salarial, a presença dos pobres como resultados das problemáticas vivenciadas pela classe trabalhadora, ou melhor, pelos operários, em seus enfrentamentos da questão social, observa-se, nos grandes centros, a acumulação dessa pobreza. A almejada ascensão social aos pobres por meio do trabalho vai-se alterando, desenhando-se a formação da chamada categoria dos "marginalizados". Nessa mudança social, sobrepõe-se *o excluído ao trabalhador*, uma vez que a esses marginalizados não se aplica a teoria do protagonismo histórico da classe operária. Considerados o que se pode chamar de irrelevantes para a produção, quando muito, são trabalhadores dos setores secundários os denominados excluídos, principalmente, "excluídos das possibilidades ativas do fazer história" (Martins, 2008).

Para Oliveira (1995), "indigentes e pobres" constituem, do ponto de vista econômico, a maioria do contingente de vulneráveis da sociedade brasileira, embora entenda que o fator econômico, por si só, é uma definição incompleta da vulnerabilidade social. Essa também é acrescida pelas vulnerabilidades culturais, que atingem todos os estratos sociais, ainda que se ressalte que essas vulnerabilidades culturais estão, em muitos casos, na raiz da maior parte das discriminações sociais.

Podem ser classificados como famílias desagregadas, mendigos, crianças de rua, desempregados, moradores precários, mulheres, indígenas, os expulsos da terra e recusados pela cidade, dentre tantos outros sujeitos passíveis de categorização. São os sujeitos designados como público-alvo das políticas sociais. Essas políticas sociais públicas, com muita frequência, apresentam-se com caráter compensatório, procurando atenuar os efeitos danosos do modelo econômico, e deixam a desejar quanto a atingir os objetivos a que se propõem legalmente, ou melhor, de se situarem no campo dos direitos e não no da "conceituação de carências", parafraseando Oliveira (1995).

A Política de Assistência Social enfrenta o desafio de superação da concepção hegemonicamente constituída de ter ações voltadas "aos fragilizados", aos "pobres", aos sujeitos considerados "necessitados de filantropia".

Ao incorporar-se à Seguridade Social, a Assistência Social deve enfrentar o desafio de construir sua especificidade nesse campo.

Em suas principais regulamentações desde 1988, tanto na Lei Orgânica da Assistência Social (1993) quanto, mais recentemente, na Política Nacional de Assistência Social (2004), utilizam-se termos que definem os usuários da política que, de certo modo, ainda os categorizam de forma estigmatizada.

Quanto ao primeiro texto, a Loas define-os conforme segmentos sociais e, além da segmentação, utiliza termos como "carentes", ao designar as crianças e os adolescentes que necessitam da política. Já no texto de 2004, da PNAS/Suas, há de se considerar certo avanço, ao vencer a segmentação dos usuários e definir as famílias e indivíduos como público-alvo, porém, associados a eles, estão os conceitos de risco e vulnerabilidade social para designá-los, ou, até mesmo, para incluí-los nas referidas proteções sociais de atendimento da política (esse tema será mais bem debatido na sequência do capítulo).

Mais que isso, o desafio para a Política de Assistência Social passa por realmente identificar seu usuário nos parâmetros que o possibilite, na condição de protagonista, ser aquele sujeito pertencente à classe trabalhadora e que sofre as inflexões mais cruéis do sistema capitalista.

Dessa forma, a categoria denominada "subalterna", tão bem trabalhada por Yazbek (2009), a partir de seus estudos com os próprios usuários da Política de Assistência Social,[1] os define como pertencentes à classe com ausência do poder de mando, do poder de decisão, dos poderes de criação e direção. Essa classe faz parte do mundo dos dominados, dos submetidos à exploração e às exclusões social, política e econômica. Afirma a autora que o exercício da dominação aborda a relação entre as classes sociais, aquelas que dominam, não podendo a subalternidade ser analisada isoladamente dentro de si, fora do conjunto da sociedade.

Sendo assim, percebe-se que, aos usuários das políticas sociais e, mais especificamente, aos da Assistência Social, ainda é destinado esse lugar da "subalternidade", contradição premente no previsto nas legislações em vigor.

Nos achados empíricos da pesquisa realizada para este livro, pode-se verificar, quanto à categoria usuários, que sete dos entrevistados discordam do uso dessa denominação, e, para três, não há problema. Dos que não querem ser chamado de usuário, as razões apresentadas quase sempre são justificáveis pela comparação que fazem com o termo "usuários de drogas", motivo pelo qual percebem que podem ser "desqualificados":

> [...] usuário, usuário de drogas. Não gosto. [...] não é a palavra ideal (Depoimento do Sujeito 4);

> Usuário, eu acho uma fala meio tipo educadinha, eu acho que agora, assim, sabe? É que o usuário ficou uma palavra muito, meio assim, tipo, como é que eu posso dizer? Têm vários significados; assim, tipo, pega um drogado na rua, tipo, é um usuário de drogas, sabe? Eu acho que é uma palavra que não pegou

---

1. Seu estudo *Classes subalternas e Assistência Social* foi realizado anteriormente à promulgação da Loas e foi publicado pela Cortez Editora, em 1993.

bem, no meu ponto de vista, não pegou legal, assim, sabe. O usuário, eu acho essa palavra usuário meio forte pra esse atendimento, mas com o tempo, pode ser até mudado. Muita coisa mudou. [...] olha, a de antes era boa, tipo, assim, a família buscou, entende? Porque o usuário ficou mal só pelo uso e pelo fato de usuário que se usava só pra drogado (Depoimento do Sujeito 7).

O desapreço por essa denominação dá-se até mesmo porque o uso do termo pode caracterizar a dependência em relação à busca pela Política de Assistência Social, em contraposição à busca de autonomia:

A gente usa esse termo de usuário porque a gente vem, diariamente, no Serviço, não que a gente queria ficar flutuando nisso a vida toda. Ninguém quer ficar à mercê de alguém. Porque, nem quando a gente nasce, a gente fica à mercê da mãe da gente, porque, quando a gente tem uma idade, a gente já começa a andar com as suas próprias pernas (Depoimento do Sujeito 6).

A relação de referência que se percebe entre buscar os serviços e ser caracterizado de alguma forma por essa busca, seja pelas denominações que recebem, seja pelos motivos que os levam a estar na Assistência Social, delineia características que são próprias de um sentimento de destituição. As marcas deixadas em nossa sociedade de relações desiguais e de internalização por parte dos sujeitos subalternizados de que essa condição lhes é própria são muito significativas. Os depoimentos trazem elementos que demonstram a visão de culpabilização dos sujeitos por essa condição de "usuário", contraditoriamente à noção de busca por direitos.

Percebe-se, na fala do mesmo Sujeito 6, que, se sua estabilidade com o trabalho estivesse efetivada, não necessitaria ser um "usuário" da Assistência:

Exatamente. É por um tempo. Não que isso seja uma obrigação de estar sempre sendo acolhido pela Assistência Social. Não quero, né? Tanto, que eu faço os meus trabalhos também, eu faço meus trabalhos de autônomo. Volta e meia, eu acabo saindo dum trabalho que tava, terminou esse prazo de trabalho lá, esse contrato de trabalho. Não foi pela minha opção. Se fosse pela minha opção, eu tava lá, porque eu tô ganhando meu salário, daí, eu tô me mantendo, eu tô fazendo as minhas coisas. Então, quer dizer, daí, eu não precisaria utilizar e nem teria também esse horário agora disponível pra tá aqui, hoje. Eu estaria trabalhando, eu estaria no meu horário de trabalho... (Depoimento do Sujeito 6).

O motivo pelo qual existem os que não se importam em ser assim designados é o fato de terem sido usuários de um serviço que é público, para os "carentes", para quem não pode pagar por ele, observando-se, nesse depoimento, a presença da definição de carentes, ou seja, sempre há uma forma de categorização, ainda que seja definida pelos próprios sujeitos mandatários da política:

Não, não. Pra mim, não! Pra mim, pelo contrário, pra mim, foi uma ajuda, assim, que veio na hora certa. Eu não tenho problema de dizer que eu uso a Assistência Social, porque tem pessoas onde eu moro que procuram, às vezes, até um advogado particular. Eu já não, eu já procuro uma pessoa do Estado, porque eu não tenho condições, então, eu não posso querer uma coisa que eu não tenho condições de pagar, né? [...] E eu não tenho vergonha de dizer que eu uso, porque é uma Assistência que é pro povo, no caso, pra nós, o pessoal mais carente (Depoimento do Sujeito 5);

Eles, pra nós, eles diz que precisa mais essa cidadania, mais eu, eu pensei assim, ó, o que mais precisa é os carente. Os carentes como os do bairro, que, às vez, eles não têm um salário, ou, às vez, eles tão trabalhando em biscate, né? Então, esses, isso aí eu pensei, mais de ajudar eles do que ajudar nós (Depoimento do Sujeito 2).

As denominações utilizadas pelos sujeitos investigados reforçam o estigma que lhes é atribuído na sociedade e que lhes define "um lugar no mundo" (Yazbek, 2009, p. 75), caracterizado pelas ausências e privações, seja de bens materiais, seja de poderes de mando e decisão. Percebe-se, novamente, a culpabilização do próprio sujeito por sua condição de carência, desvinculada da questão de cidadania e de direitos. O uso do que é público é permeado também pela noção de certa "desqualificação", ou seja, é destinado a quem "não pode pagar" por serviços privados, o que seria considerado de melhor qualidade (noção amplamente defendida em uma sociedade pautada pelo consumo).

Alterar a lógica constituída na sociedade brasileira de que a Assistência se deve ocupar dos pobres não é uma mudança apenas jurídica, constatada a partir do texto constitucional e demais legislações que dele decorrem. Significa romper com paradigmas constituídos ao longo de nossa história de práticas conservadoras, assistencialistas e focalistas, que sempre negaram a lógica dos direitos e da cidadania (Pereira, 2002). Não é um caminho simples e nem somente vinculado ao papel das políticas sociais.

Embora se entenda o espaço ambíguo existente no exercício dessas políticas, ou seja, de muitas vezes legitimar a pobreza e a subalternidade, também é importante reconhecer que é por meio delas que se inscrevem as possibilidades de espaços de luta, reivindicações e conquista de direitos sociais para a classe trabalhadora. Nessa lógica, temos o que Ianni (1990) define como a relação contraditória entre a função do Estado e o capital.

Ora, a administração da desigualdade sempre foi a ótica da ação estatal. No entanto, para as classes subalternizadas e excluídas, os serviços sociais podem se tornar a forma de acesso e inclusão a recursos sociais e, assim, apresentar-se sob a forma de reivindicações no seu processo de luta pelo reconhecimento dos direitos sociais.

Porém, esse espaço é contraditório. Não significa, necessariamente, uma ruptura com o padrão de dominação e clientelismo do Estado brasileiro no trato com a questão social, uma vez que essa relação, muitas vezes "[...] sob a aparência da inclusão, reitera a exclusão, pois inclui de forma subalternizada, e oferece como benesse o que na verdade é direito" (Yazbek, 2009, p. 30).

Percebe-se que o trato com a questão social sempre foi pauta das agendas, também na contemporaneidade, tanto dos organismos internacionais quanto dos Estados. Mais especificamente, aqui se aborda o dilema histórico da sociedade brasileira, que convive com níveis de desigualdades sociais alarmantes, em que a maioria de seus cidadãos vive em níveis de pobreza muito altos, e a questão da riqueza é pouco discutida.

Segundo os dados da Fundação Instituto Brasileiro de Geografia e Estatística (IBGE) quanto ao Censo de 2010, no Brasil, os 10% mais ricos detinham 42,5% da distribuição total dos rendimentos mensais em 2009, enquanto os 10% mais pobres abarcavam 1,2% do total das remunerações. Esses valores foram, praticamente, os mesmos registrados em 2008 (42,7% e 1,2% respectivamente).

Em recente estudo realizado pelo Instituto de Pesquisa Econômica Aplicada (Ipea) (2012), apresentam-se dados que revelam que, no período 2004-09, a pobreza extrema caiu de 8% para 5% da população. Porém a análise revela que, embora demonstre os bons resultados dos últimos anos, o país ainda possui 16,27 milhões de pessoas em situação de extrema pobreza, sendo essa definida como viver com renda mensal de até R$ 70,00.

E, ainda, se o bom momento econômico vivido pelo país permitiu que milhões de pessoas deixassem a miséria, sobretudo pelo acesso ao emprego formal, há de se considerar que outros milhões não conseguiram aproveitar as oportunidades geradas pelo contexto favorável. Isso sugere que as famílias, hoje, em situação de pobreza extrema encontram dificuldades específicas para superar isso. Tal constatação pode ser percebida no próprio perfil das famílias que permanecem em situação de extrema pobreza, no qual se notam maior percentual de desocupados e inativos, baixíssima escolaridade dos chefes de família (54% são analfabetos absolutos ou funcionais) e, ainda, forte concentração dessa condição nos pequenos municípios do Nordeste e do Norte e nas zonas rurais — regiões marcadas por inserção econômica precária (Ipea, 2012).

Retoma-se aqui a concepção de pobreza utilizada por Yazbek (2012), que é abordada como categoria multidimensional, histórica e socialmente construída, fenômeno que não pode ser tomado como natural:

[...] abordo a pobreza como uma das manifestações da questão social,[2] e dessa forma como expressão direta das relações vigentes na sociedade, localizando a questão no âmbito de relações constitutivas de um padrão de desenvolvimento capitalista, extremamente desigual, em que convivem acumulação e miséria. Os "pobres" são produtos dessas relações, que produzem e reproduzem a desigualdade no plano social, político, econômico e cultural, definindo para eles um lugar na sociedade. Um lugar onde são desqualificados por suas crenças, seu modo de expressar-se e seu comportamento social, sinais de "qualidades negativas" e indesejáveis que lhes são conferidas por sua procedência de classe, por sua condição social. Este lugar tem contornos ligados à própria trama social que gera a desigualdade e que se expressa não apenas em circunstâncias econômicas, sociais e políticas, mas também nos valores culturais das classes subalternas e de seus interlocutores na vida social. Assim sendo, a pobreza, expressão direta das relações sociais, "certamente não se reduz às privações materiais" (Yazbek, 2012, p. 289).

Assim, a problemática da pauperização e a emergência de indivíduos pobres e miseráveis impuseram-se como desafio da questão social na ordem pública.

No Brasil, a pobreza não é residual e constitui-se num fenômeno estrutural de massa, expresso num grande volume de pessoas que sobrevivem e se reproduzem num patamar mínimo de subsistência e no estágio de necessidades. A questão da pobreza aparece como efeito das desigualdades econômica e social e, portanto, como questão política, já que interfere nas condições da justiça redistributiva do país (Ivo, 2008).

Mesmo que as legislações, principalmente, as que se originaram após a Constituição de 1988, garantam a universalidade de proteção

---

2. A questão social resulta da divisão da sociedade em classes e da disputa pela riqueza socialmente gerada, cuja apropriação é extremamente desigual no capitalismo. Supõem-se, desse modo, a consciência da desigualdade e a resistência à opressão por parte dos que vivem de seu trabalho. Nos anos recentes, a questão social assume novas configurações e expressões e "[...] as necessidades sociais das maiorias, as lutas dos trabalhadores organizados pelo reconhecimento de seus direitos e suas refrações nas políticas públicas, arenas privilegiadas do exercício da profissão sofrem a influência do neoliberalismo, em favor da economia política do capital" (Iamamoto, 2008, p. 107).

social, as respostas encontradas na sociedade brasileira consagram as desigualdades e anulam, na prática, os efeitos redistributivos previstos em lei, alterando, muitas vezes, os objetivos das políticas sociais.

Rocha (2006) distingue os países em três grupos, para categorizá-los no que diz respeito à pobreza. O primeiro engloba os países em que a renda nacional é insuficiente para garantir o mínimo considerado indispensável a cada um de seus cidadãos. O segundo é formado pelos países desenvolvidos, onde a renda *per capita* é elevada, e a desigualdade de renda entre indivíduos é, em grande parte, compensada pela transferência de renda e universalização de acesso a serviços públicos de qualidade. E, finalmente, o terceiro grupo é composto por países com posição intermediária. O valor atingido pela renda *per capita* mostra que o montante de recursos disponíveis seria suficiente para garantir o mínimo essencial a todos, de modo que a persistência da pobreza absoluta[3] se deve a má distribuição de renda.

O Brasil classifica-se nesse terceiro grupo. No ano de 1999, 1% das pessoas com os rendimentos mais elevados apropriou-se de 13% do rendimento total daquele ano, o coeficiente de Gini[4] era um dos mais elevados do mundo (0,5578) no mesmo ano e, em junho de 2009, chegou a 0,493. Apesar da redução do índice observada nesse intervalo de dez anos, é sabido que é muito pouco para atingir os níveis de desigualdade da sociedade brasileira, pois não houve alteração, no Brasil, do padrão de concentração de renda. O conflito redistributivo opera-se, fundamentalmente, na base da pirâmide social, entre

---

3. Segundo Rocha (2006), pobreza absoluta é analisada *versus* a noção de pobreza relativa. Está estritamente ligada às questões de sobrevivência física, portanto, ao não atendimento das necessidades vinculadas ao mínimo vital. Já o conceito de pobreza relativa define as necessidades a serem satisfeitas em decorrência do modo de vida predominante na sociedade em questão, o que significa incorporar a redução das desigualdades de meios entre indivíduos como objetivo social.

A pobreza absoluta caracteriza-se por uma medida insatisfatória do ponto de vista sociológico, pois não permite estabelecer interdependências entre os indivíduos, numa sociedade como um todo (Ivo, 2008).

4. Índice de padrão internacional utilizado para expressar o grau de desigualdade de renda. O indicador varia de 0 a 1: quanto mais próximo de 1, maior a desigualdade.

trabalhadores médios e aqueles com rendimentos mais altos e os setores mais pobres da sociedade.

Porto Alegre também expressa essa realidade desigual observada no país. O tamanho da desigualdade existente na cidade pode ser verificado nos dados revelados por um estudo realizado no ano de 2008 (Prefeitura Municipal de Porto Alegre, 2008): enquanto os 20% mais pobres da população se apropriam de apenas 2% da renda total do município; os 20% mais ricos ficam com 64%; e os 10% mais ricos, com quase a metade, ou 46%.

Essa forma completamente desigual de apropriação da renda repercute nos indicadores de pobreza e indigência. A proporção de pobres (considerando-se pobres as pessoas que vivem com menos de meio salário mínimo de 2000 — R$ 75,50 — de renda familiar *per capita*) chega a 14% na região. Isso representa 478 mil pessoas. Desse total, 175 mil podem ser consideradas indigentes (ou seja, têm menos de um quarto do salário mínimo de renda familiar *per capita* mensal). Entre 1991 e 2000, a proporção de pobres recuou ligeiramente na região de Porto Alegre, passando de 16% para 14%, e a de indigentes permaneceu praticamente constante, em torno de 5%. Considerando-se as Unidades de Desenvolvimento Humano (UDHs),[5] a indigência aumentou em mais da metade delas e a pobreza aumentou ou permaneceu constante em 28% delas.

Um efeito observado no combate à pobreza, no Brasil, nos últimos anos diz respeito a como o Estado brasileiro vem respondendo a essa questão. Mais especificamente, neste livro, menciona-se como as políticas sociais e, em especial, as ações e os programas da Política de Assistência Social vêm atuando.

---

5. UDHs são agregações de setores censitários que atendem às exigências da Fundação IBGE para extração dos indicadores. São aproximações dos bairros constituídos (por lei) ou reconhecidos (identificação popular). Uma condição para a construção do *Atlas de Desenvolvimento Humano* (prefeitura municipal de Porto Alegre, 2008) foi a constituição das UDHs em Porto Alegre. O *Atlas* também apresenta o Índice de Desenvolvimento Humano (IDH), índice-síntese que procura captar o nível de desenvolvimento humano alcançado em uma localidade, levando em consideração três dimensões básicas: saúde, educação e renda.

O final do século XX, portanto, marca a volta do debate acerca da pobreza e da exclusão social, com a participação dos governos, dos organismos internacionais e das ciências na forma de uma ação integrada entre sociedade e governo, com o objetivo de "combate à pobreza" por meio das políticas sociais.

Assim, o enfrentamento à pobreza vem reforçando o trato com a questão social de forma focalizada, estabelecendo patamares para classificar os "pobres", desconsiderando, mais uma vez, a condição de classe a que pertencem, a dimensão de sua cidadania e, consequentemente, o acesso a direitos sociais básicos.

Ivo (2008) refere que há estratificação e segmentação entre os cidadãos protegidos e a população atendida pela Assistência, denominados "coletivos de destino". Avança em sua análise, acrescentando que também existem os cidadãos invisíveis, ou seja, "[...] aquelas famílias de trabalhadores que não são pobres o suficiente para serem assistidas, e não integram o núcleo protegido do mercado de trabalho" (Ivo, 2008, p. 27).

Nos últimos anos, os governos brasileiros, desconsiderando, como já mencionado, a garantia universal prevista a partir da Constituição Federal, têm atuado em ações de combate à pobreza utilizando os programas de transferência de renda, ou seja, ainda tratando a questão de forma focalizada e seletiva por meio das políticas sociais.[6]

Esta obra não tem a intenção de analisar detalhadamente os programas de transferência de renda utilizados no Brasil, nos últimos anos, porém considerações a respeito serão feitas, com o propósito de demonstrar esse movimento de enfrentamento e combate à pobreza,

6. Silva (2010) refere que, no desenvolvimento da Política Social brasileira, se tem um conjunto amplo e variado, mas descontinuo e insuficiente, de programas sociais direcionados para segmentos empobrecidos da população. Essas medidas de intervenção não são configuradas como estratégia de caráter global para enfrentamento da pobreza no país, embora a autora reconheça que esse quadro vem-se modificando, principalmente, a partir dos século XXI. Assim, admite que a Política Social no Brasil tem assumido uma perspectiva marginal e assistencialista, desvinculada das questões macroeconômicas, servindo mais para regulação ou administração da pobreza num dado patamar.

a fim de apontar algumas relações, principalmente, desses programas no campo da proteção social.

No Serviço Social, esse tema é de suma importância e compreende as lógicas que produzem pobreza e desigualdade, constitutivas do modo de produção capitalista também, pois grande parte dos Assistentes Sociais exerce a profissão por meio das políticas sociais e necessita estar qualificada para intervir e elaborar respostas de enfrentamento à questão social. Como refere Yazbek (2010, p. 2), "[...] se fundamental é decifrar as lógicas do capital, sua expansão predatória e sem limites, desafiante é, também, saber construir mediações para enfrentar as questões que se colocam no tempo miúdo do dia a dia da profissão".

Ora, nos é caro como profissionais do Serviço Social, perceber, de forma crítica, as ações propostas e executadas no que tange aos programas de transferência de renda aplicados no Brasil, podendo, com isso, balizar as ações cotidianas tanto nos atendimentos diretos à população usuária quanto nos trabalhos desenvolvidos nas áreas de planejamento e gestão das políticas públicas. Um desafio posto é poder trabalhar as condições de pobreza em sua concepção multidimensional, não como constatação da situação da população usuária, mas como informações-chave para orientar a Assistência como política de proteção social.

1.1.1 As estratégias de enfrentamento à pobreza no Brasil após a Constituição de 1988

A partir do final dos anos 1980, com a instituição da Seguridade Social na Constituição Brasileira de 1988, como garantia de direitos a todos os cidadãos brasileiros, decorrente de lutas travadas por ampliação e universalização dos direitos sociais, vem-se alterando o quadro da cidadania no Brasil.

As políticas de saúde e Assistência Social tornam-se universais e não contributivas, permanecendo ainda a Política de Previdência

Social com caráter contributivo, ou seja, extensiva somente àquela parcela de cidadãos que contribui monetariamente para a Previdência Social.

No campo das políticas públicas direcionadas para o enfrentamento da pobreza no Brasil, foi ampliado o benefício mínimo da Previdência Social para trabalhadores urbanos e rurais para um salário mínimo e, também, estendida a aposentadoria para os trabalhadores rurais independentemente de contribuições passadas, o que representou significativo impacto na vida de amplo contingente da população brasileira (Silva, 2010).[7]

Com a regulamentação da Política de Assistência Social em 1993, por meio da Lei Orgânica de Assistência Social, ficou instituído o Benefício de Prestação Continuada (BPC), destinado às pessoas idosas a partir de 65 anos e a pessoas com deficiência, com um recorte de renda *per capita* das famílias de até um quarto do salário mínimo. Porém o Benefício somente foi implementado três anos após, em 1996.

No governo do presidente Itamar Franco, no ano de 1993, foi criado o Plano de Combate à Fome e à Miséria (PCFM), direcionado a enfrentar a fome, a pobreza e a indigência (dirigido a 32 milhões de indigentes diagnosticados pelo *Mapa da Fome*, desenvolvido pelo Ipea) (Silva, 2010).

Já no primeiro governo do presidente Fernando Henrique Cardoso, o PCFM foi interrompido e, em seu lugar, adotado o Programa Comunidade Solidária, principal estratégia de combate à pobreza utilizado nesse governo.

O Programa apresentava-se como uma nova estratégia e contava com a parceria da iniciativa privada para sua execução, o que já descaracteriza, e muito, o previsto na Constituição quanto ao dever do Estado na execução da política social. O Comunidade Solidária visava incentivar ações em duas frentes: atribuir um selo de prioridade

---

7. A aposentadoria social rural, para a autora, constitui-se na principal política de enfrentamento à pobreza no campo, atendendo, em 2008, a 7,8 milhões de trabalhadores rurais, dos quais cerca de apenas 10% contribuíam para a Previdência Social.

e gerenciamento de programas entre diferentes ministérios que tivessem maior potencialidade de impacto sobre a pobreza, e identificar os municípios que apresentassem maior concentração de pobreza, a fim de executar o programa (Silva, 2010). Outro ponto importante a considerar no programa é que sua coordenação foi atribuída à figura da primeira dama, ou seja, a esposa do então presidente da República, Ruth Cardoso. Assim, retomaram-se velhas práticas de ações assistencialistas, seletivas e focalizadas no âmbito da Assistência Social, caracterizadas pelo primeiro-damismo.

Programas como o Comunidade Solidária articulam ações paralelas de favorecimento aos municípios que pertencem aos currais eleitorais do governo, por meio de ações compensatórias, e também retiram a Assistência Social das pautas nacionais para definições políticas, procurando instituir a volta à concepção de Assistência residual direcionada para um patamar de pobreza denominada de severa e profunda (Pereira, 1996).

Em 2001, o governo Fernando Henrique Cardoso criou o Fundo de Combate à Pobreza, com o intuito de dar continuidade às medidas de políticas públicas de enfrentamento à pobreza. Esse fundo passou a financiar programas de transferência de renda associados à educação e a ações de saneamento e passou a constituir o eixo central da proteção social no país, com ampliação de programas federais como o Bolsa-Escola[8] e o Bolsa-Alimentação.[9]

---

8. O Bolsa-Escola, instituído em 2001, era de responsabilidade do Ministério da Educação e destinava-se às famílias com crianças de 7 a 15 anos de idade. O benefício era transferido para cada família, no valor de R$ 15,00 por criança, até, no máximo, três filhos, num total de R$ 45,00. A contrapartida das famílias era a matrícula e a frequência da criança à escola. A partir de 2003, esse programa foi incorporado ao atual Bolsa Família.

9. O Bolsa-Alimentação, também criado em 2001, pelo Ministério da Saúde, visava reduzir deficiências nutricionais e a mortalidade infantil entre as famílias com renda *per capita* de até meio salário mínimo. Destinava-se a famílias com mulheres gestantes ou que tivessem amamentando os filhos, ou ainda, com crianças de seis meses a seis anos de idade. O benefício era de até três Bolsas-Alimentação por família, ou seja, de R$ 15,00 a R$ 45,00 por mês. Além da transferência monetária, oferecia atendimento básico na área da saúde da família. A partir de 2003, também foi incorporado ao Programa Bolsa Família.

Outra ação desse governo, no mesmo ano de 2001, foi o Programa de Combate à Miséria, conhecido como Índice de Desenvolvimento Humano 14 (IDH-14), direcionado, inicialmente, aos bolsões de miséria das regiões Norte e Nordeste do país, para, mais adiante, ser estendido aos municípios dos outros estados brasileiros com IDH inferior a 0,500 (Silva, 2010).

Portanto, o período de 1994 a 2002, sob o governo de Fernando Henrique Cardoso revelou, no campo da Assistência Social, ações marcadas pela seletividade e pela focalização em situações específicas.[10] Essas opções não contribuíram para a redução das desigualdades e acabaram por fortalecer a exclusão do acesso dos demandatários da política aos programas.

No Estado brasileiro, o neoliberalismo chegou ao final dos anos 1980 por dois caminhos. No campo econômico, pela negociação da dívida externa por meio da aceitação dos condicionantes, das políticas e das reformas impostas de corte liberal. No campo político, pela adesão crescente por parte das elites econômicas e políticas brasileiras ao novo ideário liberal.

Essa opção estratégica de corte neoliberal retirou quase todo o espaço de exercício das políticas públicas, trazendo para o país uma herança pautada pela concentração de renda e pelas imensas desigualdades sociais. Como consequência, verifica-se o aumento significativo da denominada "dívida social", determinada pela elevação das carências do povo brasileiro e pela diminuição de recursos para políticas públicas do tipo social (Fiori, 1997).

O neoliberalismo ganhou maior legitimidade, no Brasil, nos governos de Fernando Henrique Cardoso, que, em nome desse ideal, propunha a modernização do Estado brasileiro e a promessa de entrada do país no mundo moderno (Wainwright, 1998). Tal modernização previa propostas que responderiam às exigências trazidas pela

---

10. Uma análise cuidadosa desse período encontra-se nos estudos de Boschetti (2003), em que a autora também apresenta uma quantidade de dados quanti-qualitativos a respeito da política de assistência social durante o governo FHC.

globalização e pregava a privatização, a desregulamentação, o pluralismo ou solidariedade, a parceria entre Estado e sociedade, a flexibilização das relações de trabalho, a macroeconomia monetarista e uma legislação antissindicalista.

Os defensores das correntes minimalistas do Estado relutaram frente à concepção da Assistência como direito, pois não aceitavam a ideia de o pobre deixar de ser mero cliente para se transformar em cidadão, com direito de receber, reclamar e escolher a proteção social pública (Pereira, 1996).

A reforma de Estado proposta pelo governo Fernando Henrique Cardoso, ou melhor, a "contrarreforma" na argumentação de Behring (2003), remetia o cidadão de direitos à tradicional e conservadora relação de cidadão-cliente, o que dificultava a concretização dos preceitos constitucionais e trazia inúmeros entraves para a Seguridade Social Brasileira.

Logo, na década de 1990 e no início deste século, marcados pelas incertezas na política econômica, reorientam-se as ações governamentais com base na focalização da política social, priorizando "escolhas públicas eficientes", em face das restrições de gastos sociais.

> Essa mudança implica, portanto, o deslocamento de uma concepção política do Estado social, de caráter estrutural e redistributiva, para a adoção de uma inteligência estratégica de caráter gestionário, voltada para adequar a política social nos limites dos ajustes econômicos, o que, na prática, quer dizer dar flexibilidade e contingenciamento aos benefícios da assistência, o que se sobrepõe ao sentido amplo do direito, da justiça redistributiva e da responsabilidade publica do Estado Social (Ivo, 2008, p 188).

Com a mudança ocorrida no governo federal, entre 2003 e 2010, assumiu o presidente Luís Inácio Lula da Silva, conhecido como Lula. Em sua gestão, no ano de 2004, foi aprovada a nova proposta para a Assistência Social, por meio do Suas,[11] configurando a Assis-

---

11. A PNAS e o Suas serão abordados no próximo capítulo.

tência Social, portanto, como um pilar do Sistema de Proteção Social Brasileiro.

O presidente Lula comprometia-se, desde seu discurso de posse, a enfrentar a fome e a miséria no Brasil. Ainda em 2003, no processo de construção de políticas públicas de enfrentamento da pobreza, criou o Programa Bolsa Família, sendo a principal estratégia de seu governo no combate à pobreza. Segundo Silva (2010), o Bolsa Família é o maior programa de transferência de renda do país, com implementação descentralizada em todos os municípios brasileiros. Propõe articular a transferência monetária a ações complementares, mediante articulação com outros programas de natureza estruturante, com destaque para educação, saúde e trabalho, que devem ser promovidas pelo governo federal, pelos estados e pelos municípios, bem como por grupos da sociedade civil.

O Bolsa Família é um programa de transferência de renda condicionada, criado pelo Ministério de Desenvolvimento e Combate à Fome (MDS), com o objetivo de melhorar a vida das famílias pobres e extremamente pobres do Brasil. As famílias atendidas pelo programa, em 2010, recebiam um benefício financeiro mensal, que podia variar de R$ 22,00 a R$ 200,00 e, em contrapartida, assumiam o compromisso de manter as crianças e os jovens de seis a 17 anos na escola e fazer o acompanhamento de saúde de crianças, mulheres grávidas e mães que estão amamentando, além de manter crianças e adolescentes de até 16 anos em risco ou retiradas do trabalho infantil nas atividades do Programa de Erradicação do Trabalho Infantil (Peti) (Brasil, 2010a).

O PBF unificou os antigos programas de transferência de renda citados anteriormente, como Bolsa-Escola, Bolsa Alimentação, Cartão Alimentação e Auxílio-Gás. Atende a famílias que possuem renda familiar *per capita* de até R$ 140,00, cuja seleção é feita de forma automatizada pelo governo federal e leva em conta as informações da base nacional do Cadastro Único Para Programas Sociais (CadÚnico), bem como a estimativa de famílias pobres de cada município. O pagamento do benefício dá-se diretamente às famílias, por meio de cartão magnético ou de depósito na conta bancária Caixa Fácil.

Segundo Silva (2010), em consulta a dados do MDS, em 2009, o programa atendeu a 12.548.861 famílias em todo o Brasil, com um orçamento de R$ 10,9 milhões. Em 2010, o orçamento do Bolsa Família foi de R$ 14,37 bilhões (segundo *Cadernos MDS*, Programa Brasil Sem Miséria, 2012, acessado em 25/8/2012), representando um acréscimo de R$ 3,47 milhões destinados ao programa durante o último governo de Lula.

As famílias que constituem o público-alvo do Programa são definidas em dois grupos: aqueles em extrema pobreza e que sobrevivem com uma renda mensal familiar *per capita* equivalente a um quarto do salário mínimo e as famílias consideradas pobres, cuja renda mensal *per capita* se situa em até metade do salário mínimo. As famílias beneficiadas são obrigadas a cumprir condicionalidades, ou seja, têm a obrigação de manter seus filhos na escola e a obrigação de as mães se submeterem ao acompanhamento médico dos cuidados pré-natal e pós-natal.

As condicionalidades foram introduzidas, no Brasil, com o intuito de reduzir os *deficits* de educação e saúde das camadas populares (Ivo, 2008). A autora analisa que, nesse sentido, elas têm uma importância considerável, pois se volta para criar a transversalidade entre ações focalizadas e as políticas universais de educação e saúde. Porém, quanto ao controle das condicionalidades, alerta para o que os setores mais progressistas chamam atenção: de os beneficiários do PBF serem estigmatizados:

> [...] ao terem que fazer a "prova da pobreza" ou do cumprimento das condicionalidades, o que poderia acabar estigmatizando e (ou) criminalizando as famílias como negligentes, "falsos pobres", ou como incapazes no cumprimento de obrigações cívicas com o Estado (Ivo, 2008, p. 193).

Constata-se que o governo Lula demonstrou esforços na busca da implementação da Política Nacional de Assistência Social e promoveu debates que incluíram os diversos municípios e estados do Brasil para consolidar a política de assistência como dever do Estado. No entanto, o país segue vivendo sob a égide do neoliberalismo.

As políticas sociais permanecem seguindo os modelos designados pelos agentes internacionais, sofrendo cortes e ajustes em suas formas de financiamento, repercutindo pouco em alterações para a população desfavorecida e ampliando timidamente suas formas de atendimento nos serviços.

A crise nas políticas sociais exige, portanto, uma redefinição quanto à sua subordinação às políticas de estabilização da economia, e programas como o Bolsa Família não se constituem titularidade de direito das famílias, permanecendo na condição de benefício não garantido constitucionalmente, como, por exemplo, o Benefício de Prestação Continuada.

O atual governo, da presidenta Dilma Rousseff, tem continuado na linha das ações de enfrentamento à pobreza iniciada no governo Lula, afirmando o compromisso de erradicar a pobreza no Brasil.

Em junho de 2011, lançou o Plano Brasil Sem Miséria,[12] ampliando as ações na área social, com o objetivo de superar a extrema pobreza até o final de 2014. O Plano organiza-se em três eixos: um de garantia de renda, para alívio imediato da situação de extrema pobreza; outro de acesso a serviços, para melhorar as condições de educação, saúde, assistência e cidadania das famílias que compõem o público-alvo; e o terceiro de inclusão produtiva, para aumentar as capacidades e as oportunidades de ocupação e geração de renda entre as famílias extremamente pobres.

Segundo os dados do governo federal (*Cadernos de Gráficos Plano Brasil sem Miséria 1 Ano de Resultados*, 2012), publicados em maio deste ano, de junho de 2011 a março de 2012, 687 mil novas famílias extremamente pobres foram incluídas no CadÚnico e já estão recebendo o Bolsa Família, superando a meta de 640 mil famílias previs-

---

12. Para melhor compreender o Plano, consultar *site* do governo federal. Disponível em: <www.brasilsemmiseria.gov.br>.

ta para 2012 (em maio de 2012, o Bolsa Família atendia a 13,5 milhões de famílias; o orçamento do Programa aumentou em 40% de 2010 a 2012, passando de 0,38% para 0,46% do Produto Interno Bruto — PIB, brasileiro).

O valor do benefício médio do Bolsa Família subiu de R$ 97,00 para R$ 134,00, o que representa um acréscimo de 38% a partir do Plano Brasil Sem Miséria. O benefício médio passou por três momentos de aumento: dois deles em 2011, com o reajuste e as inovações introduzidas pelo Brasil Sem Miséria no Programa; e o terceiro, em 2012, com o lançamento da Ação Brasil Carinhoso.

A Ação Brasil Carinhoso tem como meta a superação da miséria em todas as famílias com crianças de 0 a 6 anos, além de ampliar o acesso à creche, à pré-escola e à saúde. Para isso, o benefício para superação da extrema pobreza assegura renda de, pelo menos, R$ 70,00 a mais no Bolsa Família, por pessoa, às famílias extremamente pobres com crianças nessa faixa etária. O plano articula diversos eixos: Inclusão Produtiva, com ênfase à área rural; Ações Voltadas para o Semiárido; Inclusão Produtiva Urbana, e eixo Acesso a Serviços, em que se articula a expansão da rede da Política de Assistência Social, da educação, com a proposta de escola integral, e da saúde, com as unidades básicas.

Após breve análise das principais medidas adotadas pela esfera federal dos últimos anos de governos brasileiros no que tange ao enfrentamento e ao combate à pobreza, percebe-se, claramente, a opção pelos programas de transferência de renda focalizados, com critérios de seletividade que utilizam, basicamente, a renda familiar *per capita* em sua definição.

Ora, muitos debates e estudos com contribuições consideráveis vêm sendo feitos, em diversos campos, tanto por institutos do próprio governo federal, como o Ipea, como por estudiosos da área, principalmente em relação ao Programa Bolsa Família. Sob diferentes pontos de vista quanto à eficácia do Programa, apontam, sem dúvida, avanços em relação à redução dos índices de pobreza na sociedade brasileira. No entanto, o que se considera aqui, também, é até que ponto esse impacto tem efetividade na vida da população beneficiária, em seu "tempo miúdo", como denomina Carmelita Yazbek, na superação dessa condição subalterna que lhes pertence, tão fortemente sustentada pela histórica relação de dominação existente na sociedade brasileira.

A garantia de direitos só ocorre na efetivação das conquistas, no direito à cidadania. Programas que, em sua gênese, já não são operados nessa lógica causam estranheza. Como Ivo (2008, p. 198) traz tão bem, em sua reflexão sobre os programas de transferência de renda, em especial, o Bolsa Família:

> É um benefício atribuído pelo governo aos cidadãos mais desprovidos, tendo caráter flexível. No entanto, do ponto de vista moral, uma vez atribuídos, esses benefícios legitimam o direito do pobre de recebê-lo, e uma obrigação do Estado de conceder, difícil de ser suprimida.

A pobreza persistente no país faz com que os governos criem programas e ações de enfrentamento à miséria que percorrem caminhos ainda tangenciais pela via das políticas sociais, sem que seja enfrentada, no Brasil, a questão central de distribuição de renda e de níveis tão elevados de desigualdade social.

Décadas de clientelismo e de exercício da cultura de favores contribuem, e muito, para manter os entraves que emperram o protagonismo e a emancipação das classes subalternas e as mudanças necessárias para a implementação da Política de Assistência Social, conforme previsto legalmente. Para tanto, a sociedade brasileira vem construindo recursos jurídicos, institucionais e políticos que necessitam ser articulados e exercidos pelo conjunto da sociedade na busca da efetivação de uma sociedade democrática.

Incluir de forma subalternizada talvez seja uma das questões mais complexas de ser desvelada, uma vez que nela estão problematizados o cerne das relações de subordinação e as estruturas de dominação existentes na sociedade brasileira. Alterar a lógica de que ao pobre está destinado o "lugar certo", o lugar introjetado e inculcado

do "subalterno", significa alterar as estruturas de dominação e reprodução das desigualdades sociais fortemente determinadas na sociedade capitalista.

Significa compreender que direitos sociais e cidadania são conceitos para além dos textos legais, representam espaços legítimos de
pertencimento e de reconhecimento de interesses, razões, vontades e
demandas legítimas da maioria da população brasileira. Para Yazbek
(2009, p. 144):

> [...] a questão dos direitos, sobretudo para aqueles que cotidianamente lutam
> pela sobrevivência, vai muito além das regulamentações do Estado, expressan-
> do-se na própria construção de seu lugar na sociedade e de sua identidade.

Portanto, o cenário é repleto de contradições, conflitos e também
de desafios. Convém destacar que muitas das inovações em curso na
Política de Assistência Social resultam de um longo processo de organização e lutas de diferentes segmentos presentes em nossa sociedade. Mas esse percurso só se legitima uma vez que, nesses diferentes segmentos, sejam reconhecidos como protagonistas os próprios
usuários da política, sujeitos, sim, de direitos, razões e vontades
próprias e legítimas.

1.1.2 A vulnerabilidade e o risco social no Suas: o desafio posto a partir da indefinição dos conceitos na PNAS

No atual texto da política de assistência em vigor, a PNAS, e em
seus desdobramentos legais, Lei n. 12.435,[13] são utilizados os termos
vulnerabilidade e risco social, como forma de caracterizar os usuários
que buscam os serviços de atendimento na Política de Assistência Social:

> Constitui o público usuário da Política de Assistência Social cidadãos e grupos
> que se encontram em situações de vulnerabilidade e riscos, tais como: famílias

---

13. Lei de 6/7/2011 que altera a Lei n. 8742, de 7/12/1993, que cria a Loas.

e indivíduos com perda ou fragilidade de vínculos de afetividade, pertencimento e sociabilidade; ciclos de vida; identidades estigmatizadas em termos étnico, cultural e sexual; desvantagem pessoal resultante de deficiências; exclusão pela pobreza e, ou, no acesso às demais políticas públicas; uso de substâncias psicoativas; diferentes formas de violência advinda do núcleo familiar, grupos e indivíduos; inserção precária ou não inserção no mercado de trabalho formal e informal; estratégias e alternativas diferenciadas de sobrevivência que podem representar risco pessoal e social (Brasil, 2005, p. 33).

Essa caracterização diferencia-os, para que possam ser avaliados pelos serviços e inseridos na rede, na condição de usuários da Proteção Social Básica ou da Proteção Social Especial, conforme segue:

A proteção social básica tem como objetivos prevenir situações de risco por meio do desenvolvimento de potencialidades e aquisições, e o fortalecimento de vínculos familiares e comunitários. Destina-se à população que vive *em situação de vulnerabilidade social* decorrente da pobreza, privação (ausência de renda, precário ou nulo acesso aos serviços públicos, dentre outros) e, ou, fragilização de vínculos afetivos — relacionais e de pertencimento social (discriminações etárias, étnicas, de gênero ou por deficiências, dentre outras) (Brasil, 2005, p. 33; grifos nossos);

A proteção social especial é a modalidade de atendimento assistencial destinada a famílias e indivíduos que se encontram *em situação de risco pessoal e social*, por ocorrência de abandono, maus tratos físicos e, ou, psíquicos, abuso sexual, uso de substâncias psicoativas, cumprimento de medidas socioeducativas, situação de rua, situação de trabalho infantil, entre outras (Brasil, 2005, p. 37; grifos nossos).

Essa forma de caracterização na PNAS representa, de certa forma, a continuidade de "classificar" as pessoas que buscam a Política de Assistência Social, não se diferenciando muito das legislações anteriores. Avança no sentido de não mais segmentar os sujeitos conforme faixas etárias e gênero, ampliando para todos os indivíduos e famílias que necessitarem da política. No entanto, não ficam explicitados, no texto, quais os conceitos de vulnerabilidade e risco social e as concepções teóricas que os embasam, fator problemático para a execução do Suas, deixando, assim, possibilidades de diversas interpretações quanto ao público usuário da Política de Assistência Social.

Em recente estudo sobre o tema, em sua dissertação de mestrado,[14] Alvarenga (2012) discute a temática do risco e da vulnerabilidade na Política de Assistência Social, buscando esclarecer como esses conceitos "foram parar lá", no texto da PNAS. Para tanto, realizou pesquisa empírica por meio de entrevistas com dez especialistas, tanto professoras quanto gestoras da área de Assistência Social.

Constata, em seu estudo, que diversas percepções permearam as discussões, tanto teóricas como políticas, deixando apenas a clareza de que o uso dos termos deveria superar a atenção por segmentos e a focalização nos pobres e possibilitar as intervenções preventivas. Para os formuladores da política, risco e vulnerabilidade não são categorias estanques e nem sinônimos de pobreza. No entanto, ao analisar as diferentes correntes teóricas que embasam essa temática, discute as de pensamento conservador (Beck, Amartya Sem e Rosanvallon) e, também, as fundamentadas no pensamento da esquerda marxista como a de Francisco de Oliveira, constatando, na dissertação, que os "[...] termos podem ou não escamotear que as manifestações ditas de risco e vulnerabilidade como resultantes da exploração do capital sobre o trabalho, fundante do sistema capitalista estão a depender do mirante de análise" (Alvarenga, 2012, p. 121).

Acrescenta, em suas conclusões, que o pensamento conservador está em vantagem nessa discussão e que a inclusão dos termos no texto expressa uma perspectiva "limitante e limitada" para a PNAS. Ainda aponta a necessidade urgente de aprofundar essa discussão, sob o risco de deixar velhas ideias aparecerem com nova roupagem: "[...] culpabilização do sujeito, redução da questão social à extrema pobreza, desresponsabilização do Estado para com as mazelas provocadas pelo sistema" (Alvarenga, 2012, p. 121).

---

14. *Risco e vulnerabilidade na Política Nacional de Assistência Social*, apresentada no Programa de Pós-graduação em Política Social da Universidade Federal do Espírito Santo, em 2012.

Ora, as análises do estudo citado demarcam pontos extremamente importantes e que remetem à discussão trazida neste livro de que até que ponto os considerados avanços que se têm hoje na Política de Assistência Social (e que podem, sim, ser considerados dessa forma) não estão carecendo de novos debates. É fato que a PNAS e o Suas são muito recentes, porém é necessário que questões sejam revistas, como, por exemplo, os já apontados conceitos de vulnerabilidade e risco social para designar os sujeitos demandatários da Política de Assistência Social.

Na prática, não são simples conceitos, pois podem representar, como refere Alvarenga (2012), diversos olhares, conforme o mirante de análise de quem o opera.

Ao analisar a teoria do "risco social", Iamamoto (2010) alerta que os profissionais que trabalham com políticas públicas não devem perder de vista que essas teorias são contraditórias e podem levar os profissionais que nelas atuam a serem submetidos a constrangimentos, porém não devem "interditar" o trabalho no seu âmbito.

> Esse conjunto de categorizações de clara inspiração liberal — risco, ativos, vulnerabilidades, igualdade de oportunidades implica a prevalência do mercado na oferta de oportunidades como o "trampolim para a vida segura". Atribui-se aos indivíduos atomizados e suas famílias a responsabilidade de se protegerem quanto aos riscos (naturais e artificiais) a partir de instrumentos de manejo de riscos ofertados pelo Estado e pela iniciativa privada. Ao mesmo tempo, tem-se a focalização das políticas e dos programas sociais de caráter massivo e de baixo custo nos segmentos pobres mais vulneráveis: indivíduos, famílias e comunidades. O propósito esperado dessas iniciativas é a *diminuição do risco*, tendo por meta prioritária a *incorporação dos segmentos pobres ao mercado* (pela via do consumo ou da venda de produtos) e menos as reais necessidades sociais de que são portadores. Nesse universo analítico, a pobreza passa a ser vista como *fracasso individual no ingresso aos mecanismos do mercado*, cabendo ao Estado compensar as "falhas do mercado" e fornecer redes de proteção social aos pobres vulneráveis para lidar com o risco. Ante a necessidade de reduzir gastos sociais, recomenda-se uma estratégia política que amplie o *empoderamento dos indivíduos* e reduza a sua dependência perante as instituições estatais (Iamamoto, 2010, p. 9; grifos da autora).

A *Teoria do risco social*, defendida pelo teórico alemão Ulrich Beck, centra suas reflexões a partir do que denomina Segunda Modernidade e define-se por seu caráter liberal e conservador.

Para o autor, a passagem da Primeira Modernidade para a Segunda não significa o rompimento com aquela, determinando seu final. Não quer dizer uma nova periodização na história, porém os acontecimentos na sociedade mundial determinaram algumas rupturas com modelos instituídos na Primeira Modernidade, revelando o aparecimento de um novo paradigma de sociedade, o qual demandou a construção de novos conceitos. A Primeira Modernidade, portanto, caracteriza-se pelas sociedades dos *Estados Nacionais* e das *sociedades grupais coletivas*. Baseia-se na clara *distinção entre sociedade e natureza*, em que natureza é vista como fonte inesgotável para o processo de industrialização e que necessita ser controlada. São as sociedades do *pleno emprego*, em que a participação do indivíduo na sociedade é definida pelo seu trabalho produtivo e, consequentemente, o acesso aos benefícios sociais dá-se pelos seguros sociais (Beck, 2003).

A Segunda Modernidade, também denominada *Modernização Reflexiva*, é marcada pela sociedade da *globalização*,[15] do *individualismo institucionalizado*, pela *sociedade do risco* e pela sociedade em que o *conceito de trabalho fica esvaziado*. Na Segunda Modernidade, há o esfacelamento das instituições básicas centrais da sociedade, desmontando o conceito de coletividade (reforçado na Primeira Modernidade), centrando, portanto, o foco no indivíduo e não mais nas famílias ou nos grupos, caracterizando o individualismo institucionalizado, que se transforma em uma dinâmica imanente da sociedade e perpassa todas as relações sociais. A sociedade do risco ou sociedade mundial do risco define-se pela oposição entre natureza e sociedade, em que o uso da tecnologia intensificado e a crise ecológica balizam essa discussão.

---

15. Segundo Beck, o conceito de globalização deve ser entendido para além da questão econômica, devendo ser visto também em seus aspectos políticos, sociais e culturais. Deve ser diferenciado do conceito de globalismo, que, para o autor significa "[...] a ditadura neoliberal do mercado mundial, que, particularmente no Terceiro Mundo, suprime os já escassos fundamentos do autodesenvolvimento democrático" (Beck, 2003, p. 23).

A sociedade do risco ou da modernização reflexiva define-se, portanto, pelo conceito de risco. Para o autor, os riscos são formas sistemáticas de lidar com perigos e inseguranças induzidos e introduzidos pelo próprio processo de modernização, os quais extrapolam as realidades individuais e as fronteiras territoriais; até mesmo as fronteiras temporais, pois as gerações futuras estarão vivendo sob o efeito dessa sociedade global do risco (Beck, 2003).

A sociedade onde o Estado tem papel preponderante de promotor de direitos e de garantias de mínimos sociais aos cidadãos desprotegidos vai sendo substituída por um modelo com base na individualização dos sujeitos, no qual aqueles que não conseguem inserir-se na estrutura produtiva, por seu próprio esforço, são dados como fracassados. Perde-se a dimensão política do problema, em que a ideologia presente é embasada pelo colapso do Estado, pela ruptura da estrutura de classes, onde cada cidadão se constitui por sua própria biografia, definida pelo próprio ator, denominada pelo autor de reflexiva (Beck, 2003).

Portanto, o processo de individualização baliza-se no esforço de definições sobre os indivíduos contra as fontes de significados coletivos ou específicas de grupo, como, por exemplo, a consciência de classe, as quais, para o autor, "[...] estão sofrendo de exaustão, desintegração e desencantamento". A individualização e a globalização são dois lados do mesmo processo de modernização reflexiva (Beck, Giddens e Lash, 1997, p. 26).

Ora, frente a teorias que revelaram um pensamento conservador como o exposto e que podem ter incidência no debate aqui colocado, cabe aos profissionais e a todos os envolvidos com a Política de Assistência Social elaborarem críticas a elas e apresentarem, ao menos, "[...] relativa autonomia na condução da gestão dessas políticas apoiados em forças reais, que se unem ante o desafio de fazer avançar a democracia para todos na sociedade presente" (Iamamoto, 2010, p. 10).

No entanto, a presença dos conceitos de vulnerabilidade e risco social na PNAS também remete à discussão da proteção social e de sua função preventiva. Fica a cargo da Proteção Social Básica a tarefa de prevenir riscos por meio da superação das vulnerabilidades.

É interessante que dados da pesquisa empírica também apontam, por meio da fala dos usuários, essa percepção, fazendo, inclusive, a distinção entre os públicos que devem ser atendidos nos serviços de Rede Básica ou Especial, conforme suas características de vulnerabilidade ou riscos sociais já vivenciados.

> O pessoal do Serviço Social se propõe a fazer é ajudar a comunidade no que eles conseguem. O Creas, ele ajuda os adolescentes que têm medidas, o Cras ajuda a família em si (Depoimento do Sujeito 7).

Na fala do Sujeito 1, nota-se que, ao referir-se à comunidade a qual pertence, a define como "em risco social", trazendo características próprias do local e das pessoas que lá residem.

> Bom, eu vim duma comunidade que vivia em risco social, que se chama Comunidade do Chocolatão. Era uma comunidade que vivia em extrema pobreza. Não tinha nenhuma infraestrutura física e nem na questão de saneamento básico, nem na questão de educação da criança e jovens. O índice de moradores dessa comunidade, eles eram semianalfabetos, muitos analfabetos. Então, dentro desta comunidade, eu passei a ter uma visão diferente sobre a Assistência Social. Porque nós passamos a lutar pelos nossos direitos, principalmente aqueles que são garantidos pela nossa Constituição, e, automaticamente, a gente passou a ter um trabalho técnico social dentro da comunidade com algumas assistentes sociais. Foi quando eu tive acesso à Assistência Social. No meu ponto de vista, a Assistência Social ela é diferente do que geralmente a gente se confronta dentro da sociedade, porque a maioria das pessoas acha que Assistência Social é o ranchinho[16] no final do mês, um vale transporte, uma espécie de assistencialismo. Pra mim, Assistência Social é assistir, auxiliar, principalmente gerar oportunidades em processo de inclusão social (Depoimento do Sujeito 1).

No entanto, percebe-se que, ao caracterizar a comunidade, analisa pontos importantes que referem à desigualdade social instalada

---

16. Termo utilizado como sinônimo de cesta básica.

no local e, consequentemente, na vida das pessoas que lá moram ou, melhor, moravam.[17]

Também para essa entrevistada, a inserção e o trabalho da Assistência Social têm valorização, porque proporciona a participação e a inclusão social naquele território. Ela percebe que as ações superam aquelas de caráter assistencialista e pontual, compreensão pouco encontrada na fala dos sujeitos entrevistados (90% deles ainda entendem as ações da Assistência Social como uma prática assistencialista).

Outras falas trazem para a discussão o conceito de vulnerabilidade como sinônimo de exclusão, seja pela dificuldade em acessar os serviços da rede de atendimento, seja pela forma de "filtrar" quem deve realmente ter acesso a eles. Percebe-se que, ao estipular "regras" para o acesso e a convivência, a Política de Assistência Social remete aos sujeitos demandatários uma escolha ou uma "submissão" ao buscá-los. O caráter universal de acesso acaba, muitas vezes, sem efeito, tendo, na prática, que ser substituído pela focalização "naqueles que mais precisam". Essa priorização pode ter duplo sentido: fazer a escolha pela falta de condições de atender a todos que buscam os serviços, ou selecionar quem acessa segundo categorizações que ficam a critério de quem opera a política na ponta, o que, muitas vezes, reproduz velhas práticas de seletividade em um novo contexto de Suas:

> Tem o nome de política social, mas não funciona. Ela tem muitas regras que acabam eliminando as pessoas que tão em vulnerabilidade social. Eu acho que é aí, que eu entendo. Uma pela atenção que não é só a minha. Eu também tive vários confrontos dentro dos atendimentos. Depois, que eu fui me adaptando como funcionava. E, daí, ela foi estipulando mais regras, mais regras e mais regras, uma coisa que eu já tava fugindo, das regras... (Depoimento do Sujeito 6).

---

17. A Vila do Chocolatão fazia parte do centro da cidade, em uma realidade extremamente precária, onde seus moradores viviam, basicamente, da catação do lixo. Fez parte das vilas reassentadas, no ano de 2011, pela prefeitura de Porto Alegre. A comunidade foi transferida para outra região da cidade (Zona Leste), passando a viver com acesso a recursos sociais públicos e em casas de alvenaria construídas pelo Departamento Municipal de Habitação.

Embora, como já discutido, falte clareza da concepção que embasa o uso dos conceitos de vulnerabilidade e risco social na PNAS, percebe-se que sempre é necessário o uso de "algo" que defina os sujeitos demandatários da política. Essa "necessidade", incorporada por gestores, trabalhadores, usuários e, enfim, pela sociedade como um todo, reforça que se tem, sempre, que designar um "lugar" a quem procura a Assistência Social, por meio de um nome — usuário — ou de conceitos — vulnerabilidade ou risco. E, aqui fica a indagação: mudam-se os conceitos, os nomes, mas será que se modificou, de fato, a concepção que embasa nossas legislações — sujeitos de direitos ou, ainda, sujeitos marcados pela referência da subalternidade?

1.2 Subalternidade

Para Antonio Gramsci, conceituado pensador e militante histórico italiano, as classes subalternas eram um universo amplo e complexo. Em seus estudos, buscava dar conta da complexidade dos grupos subalternos na Itália, pois entendia que isso era imprescindível para realizar uma política revolucionária capaz de unificar esses grupos e elevá-los, culturalmente, a um nível superior de consciência crítica.

Agregam-se, neste livro, alguns elementos trazidos pelo autor sobre as classes subalternas para enriquecer o debate que aqui vem sendo feito sobre quem são os sujeitos demandatários da Política de Assistência Social, como as relações de subalternidade se expressam em seus cotidianos e quais as possibilidades de entendimento e superação dessa condição.

Nos *Cadernos do cárcere*,[18] ao estudar a história dos grupos subalternos, refere-se que esses "[...] sofrem sempre a iniciativa dos grupos dominantes, mesmo quando se rebelam e se insurgem: só a vitória

---

18. No *Caderno 25*, Gramsci escreveu em 1934, *Às margens da história* (História dos Grupos Sociais Subalternos).

permanente rompe e não imediatamente a subordinação" (Gramsci, 2002, p. 135). Para Gramsci, a condição de opressão e dominação a que estavam submetidos deveria ser superada historicamente, tendendo à sua unificação e, com isso, à superação de sua subalternidade, com a proposta de uma nova hegemonia, uma nova ordem social.

A emancipação do subalterno, para Gramsci, supõe que a unificação passe também pela emancipação cultural, pela percepção de que o econômico e o político (e o filosófico) são expressões de uma mesma realidade em movimento: passa pela construção de um novo bloco histórico e, como constitutivo desse processo, de uma reforma moral e intelectual (uma revolução cultural gerada na autoeducação das massas), justificando-se a importância do estudo do folclore, da religiosidade, do senso comum e das formas de organização das classes subalternas. Assim, o conjunto das classes subalternas, negando sua condição por meio de uma reforma moral e intelectual, com sua associação de vontades, transformar-se-ia em uma nova sociedade civil (e em um novo Estado), materializando uma nova hegemonia. Quando fala de uma nova sociedade civil e de um novo Estado, Gramsci supõe o Estado operário, o Estado socialista (Del Roio, 2007).

Com base em Gramsci, Chaui (1996, p. 21-22) refere que a hegemonia "[...] é um complexo de experiências, relações e atividades cujos limites estão fixados e interiorizados, mas que, por ser mais do que ideologia, tem capacidade para controlar e produzir mudanças sociais". Logo, hegemonia é a cultura em uma sociedade de classes:

> Não é apenas conjunto de representações, nem doutrinação e manipulação. É um corpo de práticas e de expectativas sobre o todo social existente e sobre o todo da existência social: constitui e é constituída pela sociedade sob a forma da subordinação interiorizada e imperceptível (Chaui, 1996, p. 22).

Para a autora, a hegemonia, como processo ativo, deve ser vista muito mais do que como "transmissão de uma dominação imutável". Todo o processo hegemônico necessita estar atento e ser capaz de responder às alternativas e às oposições que questionam e desafiam sua dominação (Chaui, 1996, p. 23).

Trazer esses conceitos desenvolvidos por Gramsci é afirmar a importância e a relevância que ocupam, na atualidade, seus estudos sobre os grupos subalternos. A categoria subalternidade trabalhada neste livro tem um lugar essencial na discussão acerca dos sujeitos que demandam a Política de Assistência Social e dos compromissos que ela deve assumir quanto a seu papel de política pública de proteção social, garantidora de direitos numa sociedade como a nossa, dotada de uma cultura política autoritária, pautada por relações hierarquizadas.

Entender a história dos grupos sociais subalternos, como sugere Gramsci (2002, p. 140), é estudar sua formação objetiva e suas relações com o desenvolvimento das transformações econômicas; sua adesão ativa ou passiva às formações políticas dominantes e as tentativas de influir sobre os programas dessas formações para impor reivindicações próprias; o nascimento de novos partidos dos grupos dominantes para manter o consenso e o controle dos grupos sociais subalternos; as formações próprias dos grupos subalternos para reivindicar ações de caráter restrito e parcial; as novas formações que afirmem a autonomia desses grupos e aquelas que consolidem a autonomia integral.

No entanto, as preocupações de Gramsci para entender os grupos sociais subalternos apontam, também, a necessidade de estudos sobre os grupos dominantes e sua hegemonia, no sentido de compreender os instrumentos utilizados por eles para reproduzir a subalternidade e a dominação da classe trabalhadora, movimento que se perpetua nos dias de hoje.

1.3 Yazbek e a categoria da subalternidade na Política de Assistência Social

Em 1992, foi publicado o livro *Classes Subalternas e Assistência Social*, de autoria de Maria Carmelita Yazbek, obra marcante na história do Serviço Social e da Política de Assistência Social no Brasil, fruto de sua tese de doutorado.[19] Tal estudo objetiva, a partir de análises acerca da pobreza brasileira, a interlocução com a Assistência Social e seu significado na construção da identidade das classes subalternas.

A análise central do livro apresenta a relação entre três categorias essenciais: pobreza, subalternidade e exclusão social, enfocadas a partir da mediação dos serviços assistenciais com ênfase em referenciais teóricos desenvolvidos, principalmente, por Antonio Gramsci, no que tange às classes subalternas, e José de Souza Martins, quanto à exclusão integrativa. Busca abordar as políticas sociais, mais especificamente, as de Assistência Social, e a relação que se estabelece entre elas e a realização de direitos, na "perspectiva da ruptura ou da continuidade da condição de subalternidade" dos usuários (Yazbek, 2009, p. 29).

As três categorias — pobreza, subalternidade e exclusão — são interligadas e não podem ser analisadas separadamente. Permitem tornar visíveis a dominação, a humilhação, o ressentimento, a subordinação, a resistência e outras tantas dimensões do lento processo de constituição de uma identidade social subalterna.

A categoria subalternidade foi escolhida pela autora para designar as classes em que se inserem os usuários das políticas sociais e "[...] diz respeito à ausência do poder de mando, do poder de decisão, do poder de criação e direção" (Almeida, apud Yazbek, 2009, p. 35). A subalternidade "faz parte do mundo dos dominados, dos submetidos à exploração e à exclusão social, econômica e política" (Almeida, apud Yazbek, 2009, p. 26). A subalternidade não pode ser analisada isoladamente, fora do conjunto da sociedade, sem que haja a abordagem da relação entre as classes sociais e as formas de dominação.

A concepção de pobreza que orienta os estudos da profa. Carmelita em seu livro aborda a pobreza não somente como categoria econômica, mas também como categoria política. Localiza a questão

---

19. É importante ressaltar que essa produção foi realizada em um contexto anterior à aprovação da Loas.

no âmbito de relações constitutivas de um padrão de desenvolvimento capitalista, em que convivem acumulação e miséria, ou seja, como expressão direta das relações vigentes na sociedade:

> É produto dessas relações que, na sociedade brasileira, produzem e reproduzem a pobreza enquanto tal, quer no plano socioeconômico, quer no plano político, constituindo múltiplos mecanismos que fixam os pobres em seu lugar na sociedade (Yazbek, 2009, p. 31).

Como categoria política, traduz-se pela "carência de direitos, de possibilidades e esperança" (Martins, apud Yazbek, 2009, p. 32).

A concepção de exclusão que a autora utiliza parte do princípio de que é uma categoria que se define "por uma modalidade de inserção na vida social", sobretudo para aqueles que, segundo Martins "[...] não estão no núcleo de recriação da sociedade capitalista que é a produção" (Martins, apud Yazbek, 2009, p. 32). Nessa perspectiva, a concepção de subalterno supõe a exclusão integrativa (Martins, apud Yazbek, 2009). Para a autora, a noção de exclusão integrativa supõe, além dos planos econômico e político, o nível cultural e o processo de interiorização das condições objetivas vividas pelos subalternos, o que envolve, portanto, o campo das representações: "[...] trata-se de uma inclusão que se faz pela exclusão, de uma modalidade de participação que se define paradoxalmente pela não participação e pelo mínimo usufruto da riqueza socialmente construída" (Yazbek, 2009, p. 80).

A pesquisa empírica foi realizada com sujeitos usuários da Política de Assistência Social e buscou revelar, por meio de suas histórias de vida, "uma condição social, uma cultura e um tempo histórico" e sua visão na condição de sujeitos assistidos pela política de assistência. A escolha metodológica foi outro marco importante dessa obra e buscou a aproximação ao universo dos sujeitos pesquisados, delineando um conhecimento "mais de perto" deles. A autora atenta para um fato que considera fundamental nessa aproximação: considerar "a diversidade interna das classes subalternas, seus limites, fragilidades e sua força como constitutivos de sua própria condição de classe" (Yazbek, 2009, p. 82). Ao mesmo tempo em que as diversidades e singularidades são expressões individuais, são também elas que os unificam e igualam e trazem aos conceitos de subalternidade e exclusão "uma dimensão de concretude".

O resultado dessa investigação, ainda que passados 20 anos de sua elaboração, pode ser considerado uma contribuição atual, pois, segundo refere Yazbek no texto de apresentação da sétima edição do seu livro, "[...] revelou-se um caminho fértil para compreender o processo de reprodução social dos subalternos em nossa sociedade" (Yazbek, 2009, p. 11). Buscou, também, conhecer se a Assistência Social podia constituir-se em espaço de protagonismo para os subalternos ou reiterava sua condição subalterna, debate ainda presente nos dias de hoje.

A pesquisa revelou a existência de um entendimento contraditório das ações assistenciais: "[...] quer como intervenção paliativa e reguladora do processo de reprodução social das classes subalternizadas e excluídas, quer como respostas às suas reivindicações e direitos" (Yazbek, 2009, p. 173). Dessa forma, a Assistência Social apresenta-se repleta de ambiguidades e contradições.

A autora chama atenção para o fato de que a Assistência Social, naquele contexto, e o conjunto das políticas sociais não estavam sequer cumprindo seu papel no enfrentamento efetivo à pobreza, uma vez que o agravamento das desigualdades se acentuava no país, e as respostas das ações assistenciais reforçavam uma cultura tuteladora e assistencialista.

Era necessário, portanto, avançar e investir na construção da Assistência Social como política social voltada à criação de condições para que os subalternizados caminhem na direção de sua constituição como sujeitos, o que leva ao favorecimento de seu protagonismo e sua emancipação e rompe, portanto, com a concepção que reitera sua subalternidade.

Essa discussão ainda se apresenta muito pertinente e compõe o conjunto de questões que permeiam diversos estudos acerca da

Política Pública de Assistência Social e, neste livro, especificamente, reitera-se a importância desse debate construído pela autora em *Classes Subalternas e Assistência Social*.

O capítulo a seguir, ao tratar do sistema de proteção social brasileiro, atualiza, por meio do Suas, suas implicações e problematiza em que perspectiva o protagonismo e a participação popular têm sido abordados e executados pela Política de Assistência Social.

2

A proteção social no contexto brasileiro:

Dos anos 1930 ao Sistema Único da Assistência Social

> Todos têm direito e aí a gente tem que ter um lugar pra procurar esses direitos, eu acho que a assistência social é um passo fundamental.
> (Depoimento do Sujeito 9)

A Assistência Social na situação de política de proteção social apresenta-se como o norte deste capítulo, com ênfase em seus desdobramentos históricos e políticos a partir da Constituição Federal de 1988, que lhe assegura a condição de política pública garantidora de direitos a todos que dela necessitarem. O debate principal será centrado no Suas, em vigor desde 2004 com a publicação da Política Nacional de Assistência Social, e em suas implicações no contexto brasileiro, a partir do diálogo estabelecido com diversos autores desse campo teórico. Em um segundo momento, será apresentado o processo de implementação do Suas na cidade de Porto Alegre, com o intuito de situar os serviços do município onde foi realizada a pesquisa de campo para este livro.

2.1 A proteção social brasileira anterior a 1988: Introduzindo o debate

A intervenção estatal no campo das ações sociais, no Brasil, surge a partir dos anos 1930, no início do período da Nova República. A herança de um período colonial e oligárquico vivido no país ilustra aspectos característicos dessa época e materializa elementos essenciais para compreender a inexistência de parâmetros que indiquem condições para discutir o exercício da cidadania dos brasileiros.

A população, até então, pouco ou quase nada participava das decisões do país. Basicamente, vivia no meio rural, sob a tutela dos senhores e, mais tarde, dos grandes coronéis. Convivia-se, naturalmente, com a herança da escravidão, fator negativo do grande latifúndio, marcas que impediram, por longo tempo, a população de ter acesso a direitos.

Ao se pensar a configuração da política social no Brasil, é imprescindível pontuar as marcas da formação social brasileira e a consolidação do capitalismo no país, tão bem expostos na obra de Florestan Fernandes, *A revolução burguesa no Brasil: ensaio de interpretação sociológica* (Fernandes, 2005). O autor traz para a discussão o fato de que alguns pilares do capitalismo já surgiam, no país, no contexto do estatuto colonial, porém sua importância acentuou-se com a proclamação da Independência, em 1822, e, consequentemente, com a criação do Estado Nacional. A ruptura com a homogeneidade da aristocracia agrária e o surgimento de novos agentes econômicos, sob a pressão da divisão do trabalho, contribuíram para a construção de uma "nova sociedade nacional", em que a ausência de compromisso com qualquer defesa mais contundente dos direitos do cidadão por parte das elites político-econômicas reflete uma marca indelével de nossa formação:

> Não era a sociedade nacional em si mesma, nascida da Independência. Mas, a sociedade nacional que, apesar da Independência, manteve-se (por causa da escravidão e da dominação patrimonialista), esclerosada pelos componentes

do mundo colonial que subsistiam, indefinidamente, com renomada vitalidade (Fernandes, 2005, p. 47).

A expansão da classe operária e dos setores médios urbanos desenhou um novo contexto nas cidades, tanto em relação ao crescimento demográfico quanto ao aumento da pobreza. O rompimento com o modelo hegemônico agrário-exportador para a passagem ao urbano-industrial fez surgir, portanto, a questão social como obrigação do Estado, pois, até então, essa vinha sendo tratada como caso de polícia ou por meio das benesses das instituições filantrópicas.

O Estado brasileiro, desde sua constituição, definiu-se pautado por relações privatistas. Os direitos sociais garantidos pelo governo do Presidente Getúlio Vargas na década de 1930 reproduziram desigualdades na sociedade brasileira, ao mesmo tempo em que o alcance a esses direitos se deu pelas relações estabelecidas nos contratos de trabalho. Aos que ficaram de fora, restou a filantropia associada ao Estado, que continuava por discriminar e tratar a pobreza sob a ótica do fracasso e da não cidadania. São os não iguais, os pobres, os que são privados de qualificação para o trabalho, figura clássica da destituição. O Estado, ao criar essa figura do necessitado, eximiu-se, como esfera pública, de suas responsabilidades, deixando a cargo dos *azares* do destino os indivíduos nessa situação (Telles, 2001).

O esforço para demarcar a introdução da política social no Brasil, de acordo com Draibe (1993), deu-se entre os anos de 1930 e 1943. Não é intenção deste livro realizar um inventário das medidas de proteção social nesse período até o início dos anos 1980, porém extensas pesquisas já foram realizadas sobre o tema, como os trabalhos de Draibe (1993), Couto (2004) e Pereira (2000).

O modelo de proteção social brasileiro baseou-se na caracterização de Fleury (1994), no denominado modelo *meritocrático*. É inspirado nos moldes do seguro privado, porém diferenciando-se dele pela intervenção estatal, que, por meio da burocracia atuante, reconhece e legitima as diferenças entre os grupos ocupacionais em busca da lealdade dos beneficiados. Fundamenta-se em princípios de solidariedade, tendo *status* de privilegiado e busca manter o indivíduo no mesmo nível de vida, ainda que lhe ocorra algum imprevisto ou infortúnio, garantido por meio das contribuições compulsórias efetuadas ao longo do tempo de serviço. O benefício recebido toma a conotação, portanto, de privilégio e diferencia-se por categoria de trabalhadores e suas condições de inserção na estrutura produtiva, denominado de *cidadania regulada.*

A partir de meados da década de 1980, o país viveu o fim da ditadura militar e o processo de transição para a abertura democrática. A herança do regime ditatorial trouxe sérias consequências para a área social. O custo do modelo de desenvolvimento econômico e social dos anos anteriores, em que os investimentos se deram na área econômica, visando ao crescimento do país, refletiu-se no quadro das desigualdades sociais da maioria da população brasileira. Entre 1981 e 1989, os 10% mais ricos da população detinham 46,6% da renda nacional, ampliando-a para 53,2%; o 1% das pessoas mais ricas, que alcançavam 13%, passou para 17,3%; enquanto os 10% mais pobres em 1989 retinham apenas 0,6% da renda nacional (Draibe, 1993).

Foi uma década marcada pelo baixo crescimento econômico, apresentando, como efeitos negativos, a inflação e a estagnação no mercado, repercutindo-se, contudo, na qualidade de vida da população. Também foram relevantes a obsolescência e a defasagem tecnológica, bem como a deteriorização das atividades do setor público. A crise instaurada no país necessitava de uma superação do colapso do Estado, em que sua reforma deveria buscar:

> [...] a ruptura do padrão anacrônico e autoritário do relacionamento entre Estado e sociedade civil. Deve significar a restauração da ética, da eficiência, da eficácia regulatória, de tal modo que as políticas públicas reflitam os interesses nacionais (Draibe, 1993, p. 49).

Nesse contexto de recessão, o modelo de proteção social brasileiro, fundamentado nas contribuições do trabalhador, mostrava suas fragilidades, principalmente porque deixava de abranger a grande parcela da população empobrecida do país, atingida pelo desemprego e pela queda de seus rendimentos. A base contributiva do sistema previdenciário, originária dos trabalhadores, diminuiu significativamente, reduzindo os valores dos benefícios e também a qualidade do atendimento dos serviços prestados.

Era necessária uma resposta das políticas sociais frente às demandas colocadas, pois o modelo de proteção social vigente não vinha respondendo a contento, excluindo grande parte da população necessitada.

No entanto, nem toda insuficiência do atendimento às demandas pode ser atribuída à área social,

> [...] estão antes associados a determinadas características socioeconômicas, tais como emprego, salários, distribuição de renda e outras, cujos impactos negativos muito dificilmente poderiam ser revertidos pela ação social do Estado (Draibe, 1993, p. 56).

O final dos anos 1980 desenhava, no país, novos parâmetro e perfil para as políticas sociais, incluindo estados e municípios. Os princípios para essa mudança embasavam-se na descentralização, com forte vertente na municipalização, na integração das políticas sociais e na participação popular nos processos de decisão, implementação e controle dos programas sociais. No entanto, essas propostas tiveram pouco impacto na vida das populações. Os programas, apesar de receberem uma quantidade maior de recursos do que anteriormente, não perderam seu caráter pontual e assistencialista, respondendo à especificidade emergencial das demandas. Os princípios da descentralização e da participação, por exemplo, tiveram maior significado na área da saúde, com a implementação do Sistema Unificado e Descentralizado de Saúde (SUDS), deixando uma lacuna nas demais áreas sociais.

2.2 A Constituição de 1988: A proteção social estatal

Foi somente a partir de 1988, com a nova Constituição brasileira, que as inovações no modelo de proteção social aconteceram. O texto constitucional, em seu artigo terceiro, define como objetivos do país:

[...] construir uma sociedade livre, justa e solidária; garantir o desenvolvimento nacional; erradicar a pobreza e a marginalização; reduzir as desigualdades sociais e regionais e promover o bem de todos, sem preconceito de origem, raça, sexo, cor, idade e quaisquer outras formas de discriminação (Brasil, 1988).

As modificações constitucionais retratam o deslocamento do modelo *meritocrático* em direção ao de *seguridade social*, buscando a universalização da proteção social no país:

[...] sugerem um adensamento do caráter redistributivista das políticas sociais, assim como de maior responsabilidade pública na sua regulação, produção e operação. Ou seja, a ampliação e extensão dos direitos sociais, a universalização do acesso e a expansão da cobertura, um certo afrouxamento do vínculo contributivo como princípio estruturante do sistema, a concepção de seguridade social como forma mais abrangente de proteção, a recuperação e redefinição de patamares mínimos dos valores dos benefícios sociais e, enfim, um maior comprometimento do Estado e da sociedade no financiamento de todo o sistema (Draibe,1993, p. 62).

A definição da Seguridade Social enquanto o tripé das políticas de Saúde, Assistência Social e Previdência Social representou um avanço nas políticas sociais. O artigo 194, da Constituição Federal, estabelece que "[...] a seguridade social compreende um conjunto integrado de ações de iniciativa dos Poderes Públicos e da sociedade destinado a assegurar os direitos relativos à saúde, à previdência e à assistência social" (Brasil, 1988). Também ficam definidos, no texto constitucional, os princípios e objetivos da seguridade, quais sejam: universalização; equidade; seletividade e distributividade na prestação de serviços e benefícios; irredutividade do valor dos benefícios; equidade na forma de participação no custeio; diversidade da base de financiamento; democratização e descentralização da gestão (Brasil, 1988).

Na área da Saúde, é importante o princípio da universalidade, pois amplia o acesso ao sistema de saúde a toda a população, independentemente da contribuição prévia, prevendo o atendimento em uma rede descentralizada, integrada, regionalizada e hierarquizada.

Na Assistência Social, os avanços são significativos, estendendo-se a cobertura dos programas e serviços a todos que deles necessitarem. Isso prioriza a proteção à família, à maternidade, à infância, à adolescência e à velhice e promove a integração ao mercado de trabalho, a habilitação e a reabilitação das pessoas portadoras de deficiências,[20] integrando-as à sua comunidade. Com relação à renda, foi instituído o Benefício de Prestação Continuada a idosos e portadores de deficiências que não possuam meios de prover a sua própria manutenção, destinando a eles o benefício de um salário mínimo mensal.

Com relação à Previdência Social, observa-se o reforço da proteção à maternidade pela ampliação da licença-gestante para 120 dias, bem como a introdução da licença para o pai, quando do nascimento do filho. Também é relevante a criação do seguro-desemprego, como forma de proteção ao desempregado involuntário.

A política de Seguridade Social prevista na Constituição de 1988 apresenta, como concepção, um sistema de proteção integral ao cidadão, marcando avanços no campo dos direitos sociais no Brasil. No entanto, "[...] para sua afirmação, os traços constitutivos da herança social brasileira demarcarão limites" (Couto, 2004, p. 161). Somente pela análise do processo de implantação dos direitos assegurados na Constituição de 1988 é que se tem "[...] a forma de melhor apreender quais as transformações que puderam ser feitas e quais as que contribuem para referendar as velhas formas de se relacionarem com as demandas da população" (Couto, 2004, p. 161).

A construção de um modelo de proteção social exige muito esforço de mudança na sociedade brasileira. Um modelo, por si só, não tem aplicação, quando é concebido sob o estranhamento do real; pelo contrário, pode até ser condicionado e deformado pelo real, caso não tenha domínio de seus elementos constitutivos e das dificuldades a serem enfrentadas.

O modelo brasileiro, assim como os dos países centrais, também sofreu as consequências das reorientações conceituais e programáticas,

---

20. Terminologia utilizada na época para definir pessoas com deficiência.

guiadas pela ideologia neoliberal e/ou neoconservadora. Ao desin-
cumbir o Estado de responsabilidades quanto às demandas e aos
problemas sociais, não é possível enfrentar as consequências decorrentes da questão social. Portanto, é preciso reconhecer que o avanço
constitucional foi realizado em um período histórico de retrações no
campo da proteção social.

2.3 O impacto do ideário neoliberal na proteção social brasileira

A proposta neoliberal desenvolvida desde a década de 1980 desenha o desmonte dos incipientes aparatos públicos de proteção, o
que aumenta os cortes nos gastos públicos e os vincula, cada vez mais,
ao desempenho geral da economia, fazendo-os sofrer, portanto, os
impactos das mudanças em andamento nessa esfera. Assim, vivencia-se
uma grande contradição no sistema de proteção social.

Ao mesmo tempo em que a Constituição brasileira e as legislações
específicas referentes às políticas sociais ampliam o papel do Estado
como responsável pela provisão dos direitos sociais, o modelo econômico vigente propõe um orçamento reduzido para a área social,
fazendo com que as políticas se utilizem dos mecanismos compensa-
tórios mínimos. Ao contrário do que é proposto pela legislação, a
universalização do acesso continua dando lugar aos "velhos" programas com caráter residual, emergencial e temporário.

Por meio dos relatórios aprovados pelo Tribunal de Contas da
União, Behring (2003) realiza uma análise dos orçamentos da esfera
federal de 1995 a 1998, a qual comprova que, ao longo desses anos,
as políticas sociais não foram priorizadas, sendo, inclusive, recursos
dessas áreas destinados para remessas ao exterior. Segundo a autora,
a análise desses documentos oficiais mostra o descaso com a questão
social no Brasil. Alguns dados da época, mais especificamente do ano
de 1995, revelam que o investimento na educação e no apoio ao ensino fundamental caiu 19,95%; em infraestrutura e saneamento bási-

co, decresceu em 21,86%; na Assistência Social e defesa dos direitos da criança e do adolescente, os recursos foram reduzidos em 82,93%. Enfatiza que, apesar de o discurso neoliberal afirmar que os investimentos sociais são as causas da crise, esse discurso não é legítimo. As contribuições, sobretudo dos trabalhadores, têm proporcionado ao Estado recursos de arrecadação para além dos gastos (isso pode ser demonstrado com a receita da Seguridade Social de 2001, que alcançou R$ 136,8 bilhões, frente à despesa, que foi de R$ 105,4 bilhões, o que remete a um saldo R$ 31,4 bilhões superior ao de 2000, que também foi positivo). Os dados revelam:

> [...] também o quanto o Estado brasileiro é privatizado, clientelista e patrimonialista. Ou seja, mostra aspectos de nossa cultura política, bem como o quanto os preceitos constitucionais de 1988, também em matéria orçamentária, vêm sendo sistematicamente desrespeitados (Behring, 2003, p. 278).

As inovações legais fundamentadas na Constituição Federal e nas leis subsequentes ainda não assumiram materialidade na vida da maioria da população brasileira. Os efeitos das crises agravaram as desigualdades sociais, ampliando, portanto, o universo da população que necessita de proteção social. A ineficácia da cobertura dos programas vem deixando de fora parcelas significativas dessa população. É necessário que as políticas sociais superem esse caráter focal e temporário com o qual vem enfrentando a questão social, entendendo que essa continua a mesma, resultado do conjunto das desigualdades sociais engendradas na sociedade capitalista.

O sistema de proteção social necessita caminhar na busca da efetividade de direitos, de caráter permanente, para atingir, juntamente com as demais políticas, as raízes estruturais da pobreza e da miséria, além de definir uma ação transformadora. Trata-se de tarefa um tanto difícil, repleta de embates e dúvidas na sua efetivação, mas sem perder de vista a possibilidade dessa construção ou com, nas palavras de Yazbek (2001, p. 38) "[...] uma certeza: de que é possível refundar a política como espaço de criação e generalização de direitos".

2.4 A Assistência Social como política de proteção social: O Suas

O debate sobre os serviços e as ações no campo da Assistência Social sob a responsabilidade do poder público é recente na sociedade brasileira. Essa assistência foi afirmada, em nível nacional, a partir da Constituição Federal de 1988, com a Lei Orgânica da Assistência Social em 1993 e em 2004, com a Política Nacional de Assistência Social e o Sistema Único de Assistência Social, a qual, mais recentemente, foi promulgada pela Lei n. 12.435, de 6 de julho de 2011.

Essa nova concepção de assistência como direito à proteção social tem enormes desafios no enfrentamento da questão social e na afirmação de uma política social pública que supõe a redução de fragilidades às vulnerabilidades e aos riscos sociais a que todos estão expostos, por meio de caráter preventivo.

Entre as diretrizes norteadoras da política, são reafirmadas a centralidade e a primazia do Estado na condução da Assistência Social, com a consequente pactuação entre os entes federados, o que, muitas vezes, encontra obstáculos devido à lógica dada, na sociedade brasileira, no que diz respeito a práticas conservadoras nesse campo.

Apresenta-se como um dos grandes desafios o entendimento do que são ação estatal (destinada a todos) e práticas vinculadas a instituições privadas com ações voltadas ao assistencialismo ou dirigidas a algumas pessoas, conforme o recorte de suas demandas e a oferta das próprias instituições. Faz-se necessário que a gestão pública deixe de centralizar suas ações nos repasses de verbas para o desenvolvimento de ações pelas entidades sociais, mediando ações de benemerência ou caridade, e passe a criar soluções e respostas às necessidades de proteção social da maioria da população, por meio, inclusive, de ações de prevenção social na rede estatal.

Ao compor o campo da Seguridade Social brasileira, a PNAS define-se como "[...] política de proteção social articulada a outras políticas do campo social, voltada à garantia de direitos e de condições dignas de vida" (Brasil, 2004, p. 25), configurando-se como "possibilidade de reconhecimento público da legitimidade das demandas de seus usuários e espaço de ampliação de seu protagonismo" (Brasil, 2004, p. 25), tarefa desafiadora, ainda em construção na sociedade brasileira.

Desde a Constituição Federal de 1988, portanto, a proteção social apresenta-se como um novo campo, ou seja, da efetividade de direitos, e a Política de Assistência Social como responsabilidade estatal é campo de consolidação dos direitos sociais. Segundo Sposati (2009), a assistência, em seu processo de efetivação, não escapa ao movimento histórico entre as relações de forças sociais.

> O modelo de proteção social não contributivo é uma direção (ou um norte histórico) de um caminho em construção na sociedade brasileira. Supõe conhecer e enfrentar obstáculos no percurso e também não desistir da chegada, pelo fato de ter que realizar mudanças durante o processo (Sposati, 2009, p. 17).

A afirmação do modelo de proteção social não contributivo remete a desafios que se iniciam pela responsabilização do Estado e de seus órgãos públicos quanto à gestão da política, baseando-se em princípios e valores éticos, como direitos, cidadania e dever do Estado, que rompam com a lógica assistencialista existente na sociedade brasileira e vinculem a Assistência Social com a ação estatal planejada, criando espaços de decisão democrática com representações da sociedade, em que o gestor público tenha uma implicação maior em suas ações e assuma, em seu novo papel, a concepção de usuário como cidadão de direitos e não mais sujeito carente ou assistido (Sposati, 2009).

No modelo brasileiro de proteção social não contributiva, a Política de Assistência Social apresenta três funções: proteção social, vigilância social e defesa de direitos socioassistenciais.

A proteção social inclui a rede hierarquizada de serviços e benefícios nas redes de Proteção Social Básica e Especial, de Média e Alta Complexidade. A função de vigilância social é uma área nova para a política e exige conhecimentos, ferramentas e capacidades atualizadas, para detectar e monitorar as ocorrências de vulnerabilidades e fragilidades que possam causar a desproteção, além da ocorrência de riscos e vitimizações. E a função de defesa de direitos trata dos procedimentos utilizados pelos serviços no alcance dos direitos socioassistenciais e na criação de espaços de defesa para além dos conselhos de gestão da política.

Da mesma forma, a proteção social deve garantir aos usuários as seguranças de acolhida, de sobrevivência (de rendimento e de autonomia) e de convívio ou vivência familiar.

A segurança de acolhida, ao ser entendida como uma das principais da Política de Assistência Social, "[...] opera com a provisão de necessidades humanas que começa com os direitos à alimentação, ao vestuário e ao abrigo, próprios à vida humana em sociedade" (Brasil, 2005, p. 25) e busca trabalhar na perspectiva da conquista da autonomia por parte dos usuários quanto à provisão dessas necessidades. A segurança de rendimentos visa à garantia de que todos tenham uma forma monetária de assegurar sua sobrevivência, independentemente de suas limitações para o trabalho. E a segurança de convívio ou vivência familiar é uma das necessidades a ser preenchida pela Assistência Social, uma vez que essa política não deve aceitar situações de reclusão ou de perda de relações e garantir a todos os indivíduos o direito de convivência.

O acesso da população ocorre por meio de uma única "porta de entrada", estabelecendo uma rede de serviços, ações e benefícios organizados por níveis de complexidade e definidos por proteções afiançadas: proteção social básica e especial de média e alta complexidade.

O Suas altera a lógica que regula a inserção dos sujeitos na política, historicamente, compreendidos em razão da incapacidade para o trabalho ou vulnerabilidades decorrentes dos ciclos geracionais, orientando-se, agora, pela inclusão de cidadãos, famílias e grupos que estão em situações de vulnerabilidade e risco social. É importante pontuar que essa inovação traz um debate relevante sobre a população usuária, pois, ao defini-la, a descola da condição de classe social subalterna, condição fundamental para discutir sobre os usuários e a proteção social que cabe à Assistência Social.

Na pesquisa empírica realizada nos serviços de Assistência Social ofertados pela FASC, verifica-se, no entendimento dos sujeitos entrevistados, a percepção de que a política deve atender "às pessoas vulneráveis", "com problemas", ou "necessitadas", como se observa em suas falas:

> Eu sei que é pra atendimento às pessoas vulneráveis que tão precisando de auxílio, precisam de ajuda pra se reintegrar na sociedade novamente, e outras partes também que não tão vinculada a isso no momento. Mas a Política de Assistência Social, pra mim, eu acho que ela tinha que ser em geral, igualdade a todos, e, hoje em dia, não tá bem clara, e é nisso que eu digo, que não tá bem clara pra mim, porque tá sendo uma mudança. Toda uma política hoje pra mudar essa visão que eu tô tendo, hoje, porque eu sou um cara que preciso da Política da Assistência Social, eu procuro a política de Assistência Social, porque eu também tô nesse caso, eu me incluo nesse caso, preciso de ajuda. A Assistência Social, hoje, me ajudou muito também, mas me preocupa muito também, futuramente, por ela não ter uma coisa ainda definida entre ela e as parcerias dela, a melhoria de qualidade de atendimento [...] (Depoimento do Sujeito 6).

Percebe-se, com esse relato de um dos sujeitos atendidos em um serviço de Média Complexidade, que a função de proteção social da Política de Assistência Social ainda se confunde com a "ajuda", categoria que pode ser verificada em todos os discursos dos entrevistados, trazendo a noção de pessoas que necessitam ser reintegradas à sociedade por meio de auxílio. Ao mesmo tempo, o Sujeito 6 percebe que mudanças estão ocorrendo e que a Política de Assistência deve ser para todos que dela precisarem, permitindo igualdade de acesso a todos como direito, porém ainda necessitando de uma maior clareza nos atendimentos prestados.

Em outros dois depoimentos, nota-se que há também um entendimento quanto ao processo de implantação do Suas, na definição de sujeitos atendidos, inclusive trazendo as funções da proteção afiançada e suas caracterizações conforme as vulnerabilidades e riscos sociais a que os sujeitos estão expostos, mas ainda com a presença da função da política que organiza os sujeitos e/ou suas famílias. Contraditoriamente, no depoimento do sujeito atendido por um Cras, a visão é a de que, na Política de Assistência Social, se tem a solução para os problemas dos "desfavorecidos" e dos que não conhecem seus direitos e se encontra a porta de entrada para tanto.

> Hoje eu entendo como Política de Assistência Social que é a média, a alta e a baixa proteção, que eles atendem à pessoa que tá em vulnerabilidade social. Assim como tem moradores de rua, existem pessoas que têm problemas dentro de casa, precisam de assistência. Acho que serve pra dar mais dignidade à pessoa que tá se sentindo inferiorizada perante a situação da sociedade, situação né?, da própria vulnerabilidade, e a Assistência Social tá ali pra dá a dignidade da pessoa. Pra melhorar a pessoa, o atendimento, melhorar a situação dela (Depoimento do Sujeito 9);

> [...] é a Assistência, no caso, à família que não tem condições, que não tem conhecimento de leis, de procedimentos, então, tudo isso é passado pra mim. E eles têm todo esse conhecimento... (Depoimento do Sujeito 5).

Dessa forma, constata-se que a definição do público-alvo prevista na PNAS ainda não se incorporou na vida da grande maioria da população usuária entrevistada. Ela permanece definindo os sujeitos atendidos como aqueles pertencentes à classe subalterna, que necessitam de "ajuda" e de "reorganização perante a sociedade", inclusive sem se perceberem como sujeitos dessa mesma sociedade.

A Proteção Social Básica apresenta como objetivos prevenir situações de risco por meio de potencialidades e aquisições e fortalecer os vínculos familiares e comunitários. Destina-se à população que vive em situação de vulnerabilidade social decorrente da pobreza, da privação e/ou da fragilização de vínculos afetivos, relacionais e de pertencimento social (Brasil, 2005). A Proteção Especial destina-se a atender às famílias e aos indivíduos que estão em situação de risco pessoal e social, por ocorrência de abandono, maus tratos físicos e/ou psíquicos, abuso sexual, uso de substâncias psicoativas, cumprimento de medidas socioeducativas, situação de rua e de trabalho infantil, entre outras (Brasil, 2005).

Avanços e entraves podem ser observados no processo de implantação do Suas vivenciado nestes últimos anos. Muitos debates acontecem, levantando desafios e apontando dilemas e possibilidades de equívocos nessa construção.

Com o intuito de afirmação como política pública, a Assistência Social aponta a necessidade de se constituir capaz de formular, com objetividade, o conteúdo dos direitos dos cidadãos em seu raio de ação (Sposati, 2009). A Política de Assistência Social deve, no entendimento dessa autora, atender a determinadas necessidades de proteção social e, nesse campo, efetivar as seguranças sociais como direitos e, assim, considerar as expressões de risco e vulnerabilidade social a partir de seguranças sociais referentes à proteção social não contributiva.

> Muitas inseguranças e riscos estão relacionados ao trabalho, à habitação, à educação, à saúde, ao transporte, entre tantas outras áreas nas quais se setorizam as respostas às necessidades humanas. Não são todas as necessidades humanas de proteção que estão para a resolutividade da assistência social, como também não são as necessidades de proteção social dos pobres que aqui são consideradas como específicas da assistência social. Elas são comuns a várias políticas sociais e econômicas (Sposati, 2009, p. 33).

Behring (2009b) e Rodrigues (2009) reconhecem que, da forma como a PNAS se estrutura, corre-se o risco de superdimensionar a Assistência Social e atribuir a ela funções e tarefas que competem ao conjunto das políticas públicas, atribuindo-lhe a tarefa de realizar exclusivamente a proteção social, restringindo o conceito de proteção social aos serviços socioassistenciais.

Behring (2009b) aponta que se deve rever o que se denomina de *atribuição heroica* da função de proteção social imputada à Assistência Social e que seus benefícios e serviços devem ser pensados em uma perspectiva mais ampla de Seguridade Social, ou seja, para além do tripé previsto na Constituição Federal. Rodrigues (2009) analisa a relação da Política de Assistência Social com as demais políticas e também delas com a política econômica, ao desvelar que a política econômica adotada pelo governo Lula (2003-10) reitera os *interesses do capital parasitário e financeiro* num contexto neoliberal e, portanto, de desmonte das conquistas da classe trabalhadora e, consequentemente, da Seguridade Social brasileira.

Na análise das entrevistas empíricas, percebem-se, na fala dos sujeitos, pontos que reforçam algumas das preocupações levantadas pelas autoras no que diz respeito às funções da Política de Assistência Social e à sua interface com as demais políticas e, além disso, como seus operadores vêm lidando com suas tarefas:

> Porque eu acredito assim, ó: ela atende vários segmentos, no caso, saúde, educação, atendimento familiar, atendimento a psicodependentes. Isso que eu deduzo como segmentos. Se está certo, eu não sei (Depoimento do Sujeito 1).

> Olha, pra mim, foi como diz: foi uma mão na roda pra mim. Porque, se eu dependesse de outros órgãos, eu acho que não teria assistência nenhuma. Foi através deles que eu consegui tudo o que eu consegui até hoje, esse benefício pra minha esposa, esse acompanhamento diário, porque eles também fazem visita em casa, pra ver a pessoa, como é que tá, o dia a dia direitinho (Depoimento do Sujeito 5).

> Tipo ajuda toda a família em várias dificuldades, até essa família conseguir se reorganizar e não vir a precisar mais deles assim. É uma atividade bem interessante, que eles se propõem a fazer. Eu acho! (Depoimento do Sujeito 7).

Nota-se, nessas falas, a falta de clareza por parte dos sujeitos quanto ao que compete à Assistência Social. Para eles, a Assistência Social deve dar conta, inclusive, da oferta de serviços que são atribuições das demais políticas públicas. Em sua percepção, é o Assistente Social que os acolhe, os ajuda a se organizarem e os encaminha para onde necessitam.

O Assistente Social assume o papel de mediador entre as demandas trazidas pelos usuários e pela instituição. Os serviços de assistência constituem-se em um espaço público de reconhecimento dessas demandas, ainda que nem sempre consiga dar conta de respostas adequadas a elas. É necessário que os profissionais não assumam um papel de "controlador dos interesses" dos usuários, transformando, muitas vezes, aquilo que é direito em ações com caráter discriminatório ou de benesse.

Nas análises das autoras referenciadas, fica claro que uma de suas preocupações é como a PNAS se estrutura perante a função heroica de proteção social, o que se pode referendar nos discursos antes analisados, com a afirmação dos próprios sujeitos de que, ao superarem "as dificuldades", não necessitam mais dos serviços.

Também se remete à reflexão o forte papel atribuído ao profissional Assistente Social, ainda que, na lógica e na previsão do Sistema Único, as equipes dos serviços de Assistência se ampliaram, contando com outros profissionais de referência, até mesmo psicólogos e educadores sociais.

Apresenta-se para a discussão um paradoxo fundamental no processo de construção do Sistema. Ao mesmo tempo em que o Estado brasileiro propõe o Suas como política pública afirmadora de direitos, ele reitera os princípios neoliberais da política econômica, o que destina ao Estado um papel mínimo no enfrentamento da questão social, ou, como é designado no paradigma social-liberal, *pequeno e forte* (Behring, 2003). A autora, ao trabalhar a condição da política social nos tempos neoliberais, conclui que:

> A tendência geral é a redução de direitos, sob o argumento da crise fiscal, transformando-se as políticas sociais — a depender da correlação de forças entre as classes sociais e segmentos de classe e do grau de consolidação da democracia e da seguridade social nos países em ações pontuais e compensatórias daqueles efeitos mais perversos da crise (Behring, 2003, p. 248).

Acrescenta à sua reflexão a discussão da prevalência, nas políticas sociais, do *trinômio articulado do ideário neoliberal,* a saber, privatização, focalização e descentralização,[21] o que limita as possibilidades preventivas e redistributivas nessas políticas.

---

21. Descentralização aqui entendida pela autora como "[...] mero repasse de responsabilidades para entes da federação ou para instituições privadas e novas modalidades jurídico-institucionais correlatas, que configuram o setor público não estatal" (Behring, 2003, p. 248).

Sabe-se que ainda são ínfimos os montantes do Orçamento destinados à Política de Assistência e às demais políticas sociais no Brasil e que, dessa forma, corre-se o risco de o Suas previsto ficar aquém daquele definido no papel (Rodrigues, 2009).

Um dos problemas pautados nessa precoce caminhada, para a autora, é a tensão entre a construção de uma rede de serviços previstas no Sistema e os programas de transferência de renda. Os recursos orçamentários federais para estes últimos são maiores dos que os destinados para a implementação da rede de proteção social e do Sistema como um todo, característica que elege os programas de transferência de renda, como o Bolsa Família, prioritário na política.

Refere a autora que não se trata de desmerecer tal programa, mas corre-se o risco de que o sistema de proteção social público se afirme, cada vez mais, como um "[...] sistema de proteção voltado exclusivamente a atender ou a diminuir a pobreza absoluta" (Rodrigues, 2009, p. 23), uma vez que seus objetivos deverão ser ultrapassados, no intuito de avançar no cumprimento de padrões civilizatórios ou no que Pereira (2000) denomina de necessidades humanas.

Dados publicados no periódico *Políticas Sociais: acompanhamento e análise* (Ipea, 2011) revelam que, em 2009, 93% do orçamento do Ministério de Desenvolvimento Social e Combate à Fome foram destinados ao pagamento de benefícios monetários a distintos segmentos da população em situação de pobreza — Programa Bolsa Família, Benefício de Prestação Continuada e Renda Mensal Vitalícia. Apesar de o índice expressar a priorização do orçamento com os programas de transferência de renda, em detrimento dos serviços socioassistenciais, o texto chama atenção para o fato de que a responsabilidade com a execução orçamentária das garantias de renda, na Política de Assistência Social, é quase exclusiva do governo federal, ao passo que a manutenção dos serviços socioassistenciais é compartilhado pelas três esferas de governo, como preconizado nas regulamentações do Suas. Como uma forma de avançar na integração entre os serviços e os benefícios executados pela Assistência Social, foi instituído, em setembro de 2009, o Protocolo de Gestão Integrada de Serviços, Benefícios e Transferências de Renda no âmbito do Sistema Único de Assistência Social.[22]

No texto já referido, o Ipea (2011) atenta para o fato de que, embora os benefícios de transferência de renda sejam operados pela esfera federal e os serviços socioassistenciais pelos municípios, estes últimos necessitam dessa integração, proposta nesse Protocolo, como meio de potencializar a proteção social à população pobre e vulnerável.

A articulação entre as diversas seguranças a serem afiançadas à população, propostas no texto da PNAS, é o propósito do protocolo:

> [...] enquanto os benefícios monetários operam uma garantia no campo de segurança de renda, os serviços socioassistenciais destinam-se a propiciar outras seguranças — de acolhida, do convívio familiar e comunitário e de desenvolvimento da autonomia (Ipea, 2011, p. 56).

Portanto, o Protocolo estabelece que o público beneficiário dos programas de transferência de renda seja, prioritariamente, atendido nos serviços socioassistenciais e que as informações gerenciais desses programas forneçam as bases importantes para identificar as famílias mais vulneráveis de cada território (inclusive aquelas que estiverem em descumprimento com as condicionalidades do PBF, como indicativo de situações de violação de direitos).

Embora se reconheçam os avanços apontados no Protocolo, entende-se que também pode haver risco, ao priorizar os atendimentos, na Política de Assistência Social, aos beneficiários dos programas de transferência de renda do governo federal, principalmente do PBF, BPC e Peti, de seletividade no acesso aos serviços ofertados. Ora, é sabido que a demanda recebida pela Proteção Social Básica, por meio dos Cras, de sujeitos que buscam sua inserção ou de sua família no CadÚnico é muito maior que o número de contemplados no Programa Bolsa Família. Também é real que os municípios apresentam di-

---

22. Resolução CIT n. 7, de 10/9/2009.

ficuldades para inserir, no CadÚnico, os cadastrados em tempo real, ou seja, em muitos casos, a ineficiência na gestão do Cadastro e problemas operacionais no Sistema fazem com que indivíduos e famílias esperem por mais de anos para obter sua inserção no CadÚnico, pois há distintas autonomias na gestão de benefícios e de serviços (o primeiro gerenciado pela esfera federal; e os demais pela esfera municipal). Assim, o direito ao acesso a serviços e benefícios não estaria prejudicado? E aquelas famílias que nem sequer são cadastradas seriam não prioritárias quanto ao atendimento?

É preciso que essa reflexão seja aprofundada, pois, em nome da prioridade de atendimento referenciada no Protocolo, o princípio da universalização da Política de Assistência Social pode estar sendo deixado de lado, podendo-se retornar as velhas práticas da seletividade, cabendo, muitas vezes, essa decisão da prioridade ao trabalhador que está na operacionalização dos serviços socioassistenciais ofertados pela Política de Assistência Social.

O documento elaborado pelo Conselho Federal de Serviço Social (CFESS) que discute o espaço profissional do Assistente Social na Política de Assistência Social chama atenção, entre as intervenções previstas para esses profissionais, para o cuidado que eles devem ter em não restringir suas atividades às previstas nos documentos institucionais, "[...] sob o risco de limitar suas atividades à gestão da pobreza sob a ótica da individualização das situações sociais e de abordar a questão social a partir de um viés moralizante" (CFESS, 2009, p. 5).

Esse risco se apresenta ao campo do Serviço Social, uma vez que a raiz conservadora da profissão pode assumir, nos mais variados contextos, novas roupagens. Cabe lembrar aqui o risco apontado por Iamamoto (2001), quando se refere às leituras equivocadas que podem ser feitas em relação à análise da questão social, gerando o que a autora define por *dupla armadilha*, ao se pulverizarem e fragmentarem as várias "questões sociais" (ótica liberal), em detrimento da perspectiva de unidade, e ao se atribuir unicamente aos sujeitos a responsabilidade por seus "problemas sociais".

Dessa forma, elimina-se da análise a dimensão coletiva da questão social, desconsiderando os processos sociais contraditórios que as criam e as transformam, em sua dimensão de totalidade. Segundo a autora, a questão social passa a ser objeto de um processo de criminalização da pobreza, e a noção de "classes perigosas" recicla-se, perdendo sua característica de classe laboriosa e ficando, assim, sujeita à repressão e à extinção.

Iamamoto (2008), ao analisar a *tese da assistência social* desenvolvida por Yazbek, refere que a autora define o Assistente Social como o "profissional da assistência", ou seja, aquele que se insere nos equipamentos socioassistenciais e exerce o papel de mediador entre o Estado, a instituição e as classes subalternas. Chama atenção para a relação de pulverização de demandas que as instituições da Assistência estabelecem com o público-alvo, o que abre caminho ao clientelismo no trato da questão social. Ao executar o que lhe é demandado pela instituição, o Assistente Social demonstra o que Yazbek denomina de *controle social*, ou seja, permanece na aparência de efetuar uma concessão de benefícios e não de reconhecimento de direitos.

Na fala de dois entrevistados, percebe-se a visão que eles têm dos Assistentes Sociais, referendando a noção, levantada anteriormente e reafirmada por Yazbek, quanto à atuação dos profissionais ainda em uma perspectiva clientelista:

> Então, aonde a gente busca socorro? Através de uma assistente social. Ela que nos encaminha aos lugares onde a gente deve ir e o que a gente tem que fazer, então, é uma mão, é uma mão de Deus (Depoimento do Sujeito 10).

As instituições e serviços assistenciais aparecem, para os usuários da política, como o local em que eles recebem "ajuda" para a resolução de suas necessidades e, ao Assistente Social, é atribuída a função de solucionar seus problemas. Ora, essa concepção não foi atribuída somente pela visão de quem demanda a política, mas também pelo exercício da profissão do Serviço Social que, por muitos anos, legitimou ações com cunho assistencialista. O rompimento com essa concepção tem sido um dos desafios dos profissionais desse campo, ainda que, nos dias de hoje, sejam executadas ações reiteradoras da condição de subalternos aos usuários da Assistência Social.

> [...] nós tínhamos uma equipe que trabalhava com a comunidade e criou um laço muito forte, não apenas no sentido de se aprender as necessidades de seus usuários, mas elas conseguiam ter essência de uma profissional de Assistência Social, porque, acima de ter um diploma de Assistência Social, tu tem que saber qual é a finalidade e fazer com paixão, que é cuidar de outras pessoas de certa forma. Então, esse vínculo era muito grande, porque elas faziam as visitas domiciliares, tiravam o tempo disponível pra fazerem os seus encaminhamentos e também uma espécie de terapia domiciliar, porque era o amparo das pessoas da comunidade (Depoimento do Sujeito 1).

As relações que se estabelecem entre as equipes da Assistência e, mais especificamente, entre o Assistente Social e os usuários necessitam ser cuidadosamente analisadas. A percepção das falas aqui ilustradas sobre a "visão heroica" exercida pelo profissional remete ao pensamento de que as ações propostas não estão sendo executadas com vistas à emancipação dos sujeitos. A busca por soluções para suas demandas faz com que os sujeitos deleguem ao profissional a resolução delas, mesmo que elas não sejam materializadas em benefícios ou encaminhamentos e se traduzam em escuta, em espaço de acolhida.

> Uma mãe que perdia a tutela de um filho, uma mãe que lutava pra não perder a tutela desse filho, um atendimento a uma pessoa viciada, uma criança perdida. Então, todos esses processos nós tínhamos, por incrível que pareça, a primeira pessoa que nós recorríamos era as nossas atendentes da FASC (Depoimento do Sujeito 1).

Desse modo, torna-se essencial que os profissionais assumam um espaço fundamental na Política de Assistência Social, reconhecendo essa vinculação histórica com a assistência, porém superando a ideologia do assistencialismo, ainda evidenciada na visão dos próprios usuários, para que avancem nas lutas e no reconhecimento de direitos e pela cidadania. É preciso que saibam perceber que a política pode servir tanto para ações que reiterem a subalternidade dos sujeitos quanto para ações que busquem a superação dessa condição de subalternidade.

2.4.1 A matricialidade sociofamiliar e a territorialidade no Suas

Um dos eixos estruturantes da gestão do Suas é a denominada matricialidade sociofamiliar, que se traduz, na proteção social de Assistência Social, como princípio.

> [...] a família é o núcleo social básico de acolhida, convívio, autonomia, sustentabilidade e protagonismo social; a defesa do direito à convivência familiar, na proteção de Assistência Social, supera o conceito de família como unidade econômica, mera referência de cálculo de rendimento *per capita* e a entende como núcleo afetivo, vinculado por laços consanguíneos, de aliança ou afinidade, que circunscrevem obrigações recíprocas e mútuas, organizadas em torno de relações de geração e de gênero; a família deve ser apoiada e ter acesso a condições para responder ao seu papel nos cuidados, no sustento, na guarda e educação de suas crianças e adolescentes, bem como na proteção de seus idosos e pessoa com deficiência; o fortalecimento de possibilidades de convívio, educação e proteção social, na própria família, não restringe as responsabilidades públicas de proteção social para com os indivíduos e a sociedade (Brasil, 2010b, p. 17).

A família, portanto, constitui a instância mais básica, em que o sentimento de pertencimento e identidade social é desenvolvido e mantido e são transmitidos os valores e as práticas culturais. Conforme Couto (2009), eleger a família como elemento aglutinador do atendimento remete ao rompimento com a lógica segmentada da política social brasileira. Significa pensar a família como compreensão condensada dos reflexos da desigualdade social brasileira, como núcleo de resistência e produto de uma realidade dura. Nessa perspectiva, o trabalho com famílias pressupõe articular com uma rede de vínculos dentro de um contexto sociocultural, entre os quais a comunidade é fundamental.

Na fala da entrevistada, são demonstrados a dura realidade enfrentada por sua família e o reflexo do processo de desigualdade social vivenciado no dia a dia:

> O Creas, na verdade, eu não busquei, eu fui encaminhada pelo Cras. Eu tenho duas crianças, que a gente pegou pra adoção, não pra adoção, a gente pegou a guarda de duas crianças, e, daí, como a mãe tá presa, a gente acabou vindo pra ser atendido pelo Cras. Só que, quando me passaram pra cá [Creas] eu já tava tipo, bem mal, assim, porque eu tava usando drogas, tava, tipo, deixando a vida me levar, quando eu vim pra cá. [...] As pessoas estão dispostas a ajudar. Se tu for fazer por conta, é muito mais difícil, e a grande maioria que chega aqui, a família que acaba chegando a procurar esse serviço é porque tá totalmente desorganizada, quando chega ao ponto de vir no atendimento. Olha, a grande maioria, quando termina, sai do atendimento, é porque saiu muito organizado assim. Todos os que eu conheço foram assim (Depoimento do sujeito 7).

O acompanhamento às famílias, hoje previsto na PNAS e ofertado nos serviços do Suas, desde a Proteção Social Básica até a Proteção Especial, no caso aqui especificado, de Média Complexidade, é reconhecido pela entrevistada. É perceptível como sua fala traduz a necessidade que sua família teve de ser referenciada ao Creas, uma vez que as situações vivenciadas por eles se agravaram, e a proteção necessitava ser maior, por meio de um acompanhamento especializado.

Nota-se, no entanto, que a relação de ajuda é uma categoria sempre presente na visão dos usuários, os quais referem suas expectativas de que a Política de Assistência Social trabalha com eles na lógica de sua organização, seja pessoal, seja familiar. Esse "pedido de ajuda", no entanto, pode aparecer de duas formas, segundo a autor-representação dos usuários como assistidos: expressar humilhação e ressentimento por não conseguirem dar conta de suas necessidades ou revelar certa necessidade crítica da condição em que vivem e da precariedade de respostas do Estado às suas demandas (Yazbek, 2009).

Outro princípio fundamental na política é o da territorialização, o qual necessita do entendimento da dinâmica presente nos espaços territoriais e de seus determinantes para a compreensão das situações de vulnerabilidade e de risco social, bem como para seu enfrentamento. Possibilita orientar a proteção social da Assistência Social:

— na perspectiva do alcance de universalidade de cobertura de indivíduos e famílias sob situações similares de risco e vulnerabilidade;

— na garantia da integralidade da proteção social a indivíduos e famílias;

— na aplicação do princípio de prevenção e proteção pró-ativa nas ações da Assistência Social;

— no processo de descentralização e planejamento da localização da rede de serviços, a partir dos territórios de maior incidência de vulnerabilidades e riscos (Brasil, 2010, p. 17-18).

A dimensão do território representa um avanço considerável na Política de Assistência Social, uma vez que essa definição vai além do espaço territorial, geográfico, considerando o espaço "vivido" pela população que lá se encontra.

Significa que a territorialização apresenta o território como o espaço de disputa pelo uso da cidade e como lugar de reconhecimento de cidadania (Couto, Yazbek, Silva e Raichelis, 2010). As autoras atentam para os riscos que podem estar presentes nessa discussão de território, como, por exemplo, o debate sobre o estigma que os sujeitos, ao serem considerados vulneráveis, podem trazer para a população que lá habita, fortalecendo a imagem de "territórios homogêneos de pobreza"; ou os conceitos utilizados para categorizar as vulnerabilidades e riscos sociais, que, muitas vezes, reforçam a responsabilização deles e de suas famílias individualmente, desconsiderando que as situações por eles enfrentadas estão determinadas pelos processos de produção e reprodução social, sendo, portanto, uma condição social coletiva.

A crítica, apresentada por Behring (2009b), de que a PNAS tem como centro de atuação o indivíduo e sua família reforça a tese de que perde, dessa forma, a dimensão de classe e, consequentemente, a perspectiva de coletivização e politização das demandas, com base no território. A autora aprofunda sua análise a partir da referência às expressões da desigualdade social no capitalismo, como pobreza/indigência, produção/reprodução.

Portanto, vão além das situações de indivíduos e famílias e são características estruturais do mundo do capital. A política de assistência não pode se isolar em si mesma, "[...] a partir de um ângulo interno, fora das relações sociais que a circunscrevem e tencionam, eliminando do cenário as contradições, os projetos, a política e a relação com a luta de classes" (Behring, 2009b, p. 11).

Couto, Raichelis e Yazbek (2010) apontam, também, outras questões importantes que devem ser superadas e trabalhadas na PNAS, como: romper com preconceitos historicamente determinados pelos trabalhadores sociais, em que se criam "modelos de intervenções" para arranjos familiares considerados "indevidos"; assumir efetivamente o caráter protetivo às famílias, atendendo-as em suas necessidades sociais básicas; criar metodologias de atendimento que ultrapassem a lógica moralista e o caráter disciplinador, e, por último, compreender essas famílias com suas singularidades, mas com seu pertencimento a uma classe social.

Entende-se que os pontos aqui levantados acenam que se esteja atento, na construção e na afirmação do Suas, para enormes desafios. Principalmente, que se tenha cuidado com os riscos de retorno a práticas conservadoras. Remetem-se, portanto, às categorias envolvidas na implantação do Sistema e aos gestores os desafios cotidianos de superação dessas práticas e de ruptura com costumes e valores de ordem moral.

No cenário do capitalismo contemporâneo, marcado pela mundialização, pela reestruturação produtiva e pelo neoliberalismo, forja-se a ideia de que há igualdade de acesso a todos para o mercado. As políticas sociais, principalmente as de seguridade social, precisam ser pensadas nesse contexto, tanto no âmbito mundial como no nacional. O importante papel que as políticas sociais ocuparam no pós-guerra alterou-se a partir dos anos 1970, quando o cenário mudou e a flexibilização das relações de trabalho e dos direitos sociais conquistados passou a vigorar (Behring, 1998).

Constatam-se, assim, os limites das políticas sociais na ordem capitalista, com condições gritantes, desencadeando-se nas expressões da desigualdade, ou seja, na questão social, agravada pela insegurança dos desempregados, aos que "não ocupam lugar algum" nas relações de produção e reprodução social.

Behring atenta para os riscos de a política social voltar à ordem da meritocracia pura e simples e do retorno à ênfase ao Estado policial:

> Logo se percebeu o lugar estrutural e até de manutenção da segurança pública de políticas sociais no mundo complexo do capital na sua fase madura e destrutiva. Mas trata-se de *uma política social para este mundo*: longe do sentido de solidariedade, pacto social e reforma democrática e redistributiva, embutidos na ideia beveridgeana e social-democrata de seguridade social (Behring, 2009a, p. 47; grifos da autora).

Reconhecendo os avanços, no caso aqui em estudo, já apontados, da Política de Assistência Social no Brasil, entende-se que há muito para se avançar ou para dar "um ousado salto de qualidade", como refere Behring (2009a, p. 61-62) no campo da proteção social: "outra lógica de alocação do fundo público, menos voltado para a reprodução ampliada do capital e mais direcionado aos trabalhadores, às maiorias".

E, mais, avançar não somente na ampliação do fundo público para a prestação de serviços socioassistenciais e transferências de renda, mas também na consolidação da política pública como afirmadora de direitos e *lócus* privilegiado de ampliação do protagonismo dos sujeitos, tarefa difícil em tempos de desproteção social, marcada pela ordem capitalista vigente.

2.5 O percurso da implementação do Suas em Porto Alegre

Este subitem apresenta dados da implementação do Suas em Porto Alegre, que permitem visualizar como a FASC está organizando-se para a efetivação do Sistema. Cabe ressaltar que não é objetivo deste livro avaliar essa implementação na cidade, no entanto, alguns aspectos aqui serão levantados a partir da minha visão, uma vez que, como trabalhadora da instituição[23] em questão, estou envolvida no processo.

A cidade de Porto Alegre aderiu ao Suas desde o início de sua pactuação, ou seja, a partir de 2005. A partir de então, a FASC, como órgão gestor da Política de Assistência Social no município, trabalhou no reordenamento institucional e da sua rede de serviços, conforme previsto na Tipificação Nacional de Serviços Socioassistenciais, aprovada em 2009, pelo Conselho Nacional de Assistência Social (CNAS).

Nos anos de 2007 e 2008, a Instituição procedeu à contratação de uma consultoria, com vistas a identificar as regiões de maior vulnerabilidade e risco da cidade, bem como a estrutura necessária à implantação do Suas.[24] Com base nos dados apontados pela consultoria, em 2009, elaborou o Plano Plurianual de Assistência Social 2010-2013.

A Proteção Social Básica tem como atribuição desenvolver atividades de cunho preventivo frente às vulnerabilidades e aos riscos sociais, sendo operacionalizada pelos Centros de Referência de Assistência Social (Cras), de forma descentralizada nos territórios da cidade. Os Cras destinam-se ao atendimento da população que vive em situação de vulnerabilidade social, como pobreza e fragilização de vínculos e de pertencimento. Tem como principais objetivos oferecer serviços que visem ao desenvolvimento de potencialidades e aquisições das famílias e à ampliação do acesso aos direitos de cidadania.

---

23. Como já referido na *Introdução*, a pesquisadora trabalha na FASC há mais de 20 anos, e suas atividades, desde o ano de 2013, são desenvolvidas na Direção Técnica, setor responsável pelo acompanhamento geral da Instituição.

24. Para obter mais dados sobre o estudo realizado, ver Couto e Prates (2008).

Porto Alegre hoje conta com 22 Cras. O principal serviço oferta-do nesses centros consiste no Serviço de Proteção e Atendimento Integral às Famílias (PAIF), o qual desenvolve ações de acompanha-mento grupal e familiar, bem como atividades comunitárias e preven-tivas no território. Além do PAIF, oferece o Serviço de Convivência e Fortalecimento de Vínculos (SCFV) para diferentes faixas etárias (zero a seis anos, seis a 15 anos, 15 a 17 anos, acima de 60 anos). As moda-lidades de SCFV de seis a 15 anos e de 15 a 17 anos são somente executadas nos sete Cras ampliados[25] da cidade.

A Proteção Social Especial é a modalidade de atendimento assis-tencial destinada a famílias e indivíduos que estão em situação de risco pessoal e social, por ocorrência de abandono, maus tratos físicos e/ou psíquicos, abuso sexual, uso de substâncias psicoativas, cum-primento de medidas socioeducativas, situação de rua e de trabalho infantil, entre outras.

Na Proteção Especial de Média Complexidade, Porto Alegre conta com nove Creas, que executam, atualmente, os seguintes ser-viços: Serviço de Proteção e Atendimento Especializado a Famílias e Indivíduos (Paefi); Serviço Especializado em Abordagem Social; Ser-viço de Proteção Social a Adolescentes em Cumprimento de Medida Socioeducativa de Liberdade Assistida (LA) e Prestação de Serviço à Comunidade (PSC).

Fazem parte, também, dos serviços dessa proteção, serviços de atendimento diurno à população em situação de rua e idosos — 2 Centros POP e 2 Centros do Idoso — além dos Serviços de Atendi-mento para Pessoas com Deficiência, 1 Casa de Convivência Para Adultos em Situação de Rua e Serviço de Abordagem Social Para Crianças e Adolescentes, executados pela rede conveniada.

A Proteção Social Especial de Alta Complexidade coordena o conjunto de serviços que garantem o atendimento integral a indivíduos ou famílias em situação de risco pessoal e social, no que tange a

---

25. Cras Ampliado é uma denominação utilizada pela FASC para designar os Cras que desenvolvem, além do PAIF, Serviços de Convivência e Fortalecimento de Vínculos para crian-ças e adolescentes. Os demais Cras desenvolvem somente o PAIF e SCFV para idosos.

abandono, ameaça ou violação de direitos, com vínculos familiares rompidos ou extremamente fragilizados e situação de rua. Essa população necessita de acolhimento institucional provisório ou de longa permanência fora do seu núcleo familiar e/ou comunitário.

A admissão na rede de acolhimento para crianças e adolescentes dá-se a partir do Núcleo de Acolhimento que centraliza as informações referentes ao número de vagas disponíveis nas redes de acolhimento institucional própria e conveniada e articula os ingressos junto às supervisoras dos equipamentos. Quanto à admissão na rede de população adulta, o núcleo reestruturou-se para dar conta também das demandas procedentes dos Creas.

A rede de acolhimento a crianças e adolescentes dessa proteção já está reordenada em espaços de pequeno e médio porte. Os serviços próprios caracterizam-se por duas casas de passagens, seis abrigos residenciais e dois serviços de acolhimento institucional.

A rede de atendimento à população adulta em situação de rua está em processo de reordenamento dos serviços e necessita de reestruturação não somente do quadro funcional como também dos equipamentos onde está localizada. A proposta está pautada no Plano Municipal de Enfrentamento à Situação de Rua,[26] o qual previu ações para o período de 2011 a 2014. Compõem a rede própria dois acolhimentos institucionais para indivíduos, um acolhimento institucional para famílias e um albergue.

A Figura 1 localiza os serviços próprios executados pela FASC, distribuídos nas nove regiões da Assistência Social da cidade:

---

26. Plano elaborado no ano de 2011, com contribuição de grupos de trabalho compostos de gestores, trabalhadores e usuários da Política de Assistência Social e demais órgãos do governo municipal e apresentado à cidade em dezembro do mesmo ano. O plano segue as diretrizes da Política Nacional de Inclusão da População em Situação de Rua e do Sistema Único de Assistência Social. Constitui-se em uma Rede Integrada de Atenção à População Adulta em Situação de Rua, que pressupõe a intersetorialidade com ações interdisciplinares, integrais e transversais. Prevê ações e metas para as diversas políticas sociais no âmbito do município de Porto Alegre até o ano de 2014. Os atendimentos devem assegurar os direitos humanos fundamentais da população, propondo, nesse processo, a construção do vínculo, do acesso e do acolhimento na rede de serviços. A estratégia de intervenção também prevê o envolvimento das equipes, bem como sua capacitação permanente, e monitoramento e avaliação das ações e serviços executados. Para melhor conhecimento do Plano, acesse <www.pmpa.com.br/fasc>.

FIGURA 1

Localização dos serviços próprios das Redes de Proteção
Social Básica e Especial da cidade de Porto Alegre

Fonte: Observatório de Porto Alegre. Disponível em: <www.observatoriopoa.com.br>
Acesso em: 15 out. 2012.

A pesquisa realizada para este livro, como mencionado na *Introdução*, ocorreu nos serviços próprios da FASC, conforme determinado pela amostra, a fim de dar conta de sua representatividade no contexto das nove regiões da Assistência Social.

A seguir mostra-se, na Figura 2, como os serviços escolhidos se expressam nessas regiões, as quais estão assinaladas com a cor roxa.

O Cras exerce o papel de articulador da rede socioassistencial local, fortalecendo uma atuação articulada dessa rede no território. Além disso, o coordenador do Cras executa a atribuição de monitoramento e avaliação da rede conveniada local, realizando acompanhamento sistemático nas entidades, por meio de visitas, assessoramento e reuniões de regionalização.

Dessa forma, a Proteção Social Básica também é ofertada em parceria com 135 entidades assistenciais conveniadas, executando, atualmente: convênios de Serviço de Convivência e Fortalecimento de Vínculos para idosos (800 vagas); 88 coletivos do ProJovem, totalizando 2.200 vagas para adolescentes de 15 a 18 anos; entidades executoras do Serviço de Convivência/Trabalho Educativo (1.428 vagas para adolescentes de 15 a 17 anos); entidades executoras do Serviço de Atendimento Socioeducativo (Sase) (8.920 crianças); e entidades executoras do Serviço de Acompanhamento Familiar (17.500 famílias).

A Proteção Especial, além da ofertada pela rede própria, é executada pela rede conveniada. Os serviços para crianças e adolescentes constituem-se de 43 casas lares e oito serviços de acolhimento institucional. A rede para população adulta conta com um Abrigo para mulheres com filhos de até 12 anos e dois albergues.

A rede de acolhimento para idosos é constituída por cinco serviços de longa permanência. Da mesma forma, a rede de acolhimento para pessoas com deficiência é formada por três serviços de acolhimento institucional para neurolesionados e um serviço de acolhimento institucional para idoso cego. A disposição dos serviços da rede conveniada pode ser observada na Figura 3.

FIGURA 2

Regiões da cidade de Porto Alegre cobertas
pela pesquisa empírica realizada pela autora

nte: Observatório de Porto Alegre. Disponível em: <www.observatoriopoa.com.br>.
:esso em: 15 out. 2012. Pesquisa empírica realizada pela autora.

FIGURA 3
Localização da rede conveniada de Serviços da Proteção
Social Básica e Especial na cidade de Porto Alegre

Fonte: Observatório de Porto Alegre. Disponível em: <www.observatoriopoa.com.br>.
Acesso em: 15 dez. 2012.

Dessa forma, percebe-se o número elevado de serviços conveniados existentes na cidade de Porto Alegre, o que remete para uma discussão histórica na Política de Assistência Social, que é a presença marcante das entidades assistenciais na oferta de serviços. Apesar de a PNAS prever a primazia do Estado na condução da política, esse debate ainda é recente no contexto brasileiro e encontra obstáculos, devido à lógica dada quanto a práticas conservadoras nesse campo.

Esse debate leva à reflexão sobre o papel desenvolvido pelas entidades de Assistência Social no Brasil, no que diz respeito à execução de seus serviços. Elas obtiveram, ao longo dos anos, legitimidade, proporcionada pelo próprio Estado, ao prestar atendimento aos chamados necessitados de assistência, sendo financiadas, muitas vezes, com recursos públicos.

Entre os grandes desafios postos ao Suas, estão o desvelamento das questões imbricadas nessa histórica relação e o entendimento do que é ação estatal (destinada a todos) e o que são ações vinculadas a instituições privadas com práticas assistencialistas, conforme o recorte das demandas e a oferta da própria instituição, o que pode, muitas vezes, reforçar a condição de subalternidade dos sujeitos demandatários da Política de Assistência. Para tanto, com a implantação do Suas, a relação das entidades assistenciais com os órgãos gestores da política passou a ser regulada pelo denominado Vínculo Suas.

Pautado pelo reconhecimento da condição de parceiro da Política Pública de Assistência Social, o vínculo estabelece-se a partir da aceitação, pelo órgão gestor da entidade, da identificação de suas ações nos níveis de complexidade definidos pela PNAS e de sua possibilidade de inserção no processo de trabalho em rede hierarquizada complementar, contemplando a definição de instrumental dada no Sistema Único. Outros dois elementos fundamentais na discussão do Vínculo Suas dizem respeito à correlação de forças instituída na definição da concepção única de Política de Assistência Social hoje em vigor e, também, à problematização da execução dos serviços e ações gratuitos, continuados e planejados, sem qualquer discriminação nem exigência de contrapartida dos usuários.

A cidade de Porto Alegre desenvolve uma experiência nesse aspecto, a qual teve início em junho de 2010, com a criação do Grupo de trabalho (GT) Vínculo Suas[27] na Fundação de Assistência Social e Cidadania. O Grupo de Trabalho é coordenado pela FASC e apresenta como um dos seus objetivos reunir-se sistematicamente com representantes do Conselho de Assistência Social, com o Conselho da Criança e do Adolescente e com o Fórum das Entidades do município de Porto Alegre, além do Conselho do Orçamento Participativo, com o intuito de discutir as novas propostas de parceria entre governo e sociedade civil, previstas na PNAS e no Suas. Também compõe os objetivos discutir conteúdos que possam subsidiar a participação das entidades e organizações na rede socioassistencial de proteção social de Assistência Social, na conformação do Vínculo Suas.

Com a aprovação da lei de criação do Suas (n. 12.435, de 6/7/2011) fica determinada, em seus artigos 3º e 6º, a matéria que rege a relação e a parceria estabelecidas com a sociedade civil. O artigo 3º traz a definição das entidades e organizações de Assistência Social, inclusive deixando claro a diferença entre as instituições de prestação, de assessoramento e de defesa e a garantia de direitos aos beneficiários. O artigo 6º define a regulação da relação do poder público com as entidades e as organizações de Assistência Social, o que se considera um grande avanço na gestão da Política de Assistência.

Os paradigmas cristalizados necessitam ser revistos, o que causa certo estranhamento tanto pelo poder público quanto pela sociedade civil. Urge estabelecerem-se, na prática, as regras dessas parcerias, deixando claro que a efetividade da relação contratual se dá perante a garantia de direitos aos usuários da Política de Assistência, o que extrapola as questões do arcabouço legal.

Entende-se que essa experiência do GT Vínculo Suas em Porto Alegre demonstra um exercício rumo à democratização e a definições

---

27. Com o embasamento do marco legal e da experiência com a rede conveniada na cidade, o grupo reúne-se quinzenalmente, problematizando as relações conveniais e metodologias já instituídas e as que necessitam ser reordenadas para adequação dos serviços, programas e projetos.

nas formas de atendimento e concepção da Assistência Social como política pública. Outro aspecto a considerar é a participação dos Conselhos no Grupo, pois traduz a importância do controle social nesse processo, dando legitimidade e transparência a ele, bem como as ações de referência, monitoramento e avaliações executadas pelo gestor público junto às entidades, afirmando o compromisso estabelecido por ambos por meio de seus contratos.

A FASC, além do reordenamento da rede de serviços, organizou sua estrutura de gestão. Criou a Coordenação de Monitoramento e Avaliação em novembro de 2010, a qual tem por objetivo monitorar e avaliar a implementação e a execução dos serviços, projetos, programas e benefícios nas redes própria e conveniada, por meio do acompanhamento técnico, administrativo e político executado por uma equipe composta por supervisores e articuladores regionais.

No ano de 2008, a FASC realizou um processo de capacitação continuada para 500 trabalhadores sociais da rede socioassistencial de Porto Alegre, desenvolvida por meio de contratação da Faculdade de Serviço Social da Pontifícia Universidade Católica do Rio Grande do Sul (PUC-RS). Além do curso, a capacitação culminou com a publicação do livro *O Sistema Único de Assistência Social: entre a fundamentação e o desafio da implantação* (Mendes, Prates e Aguinsky, 2009). A partir de então, a Fundação realiza, sistematicamente, processos de capacitação continuada para seus servidores, muitas vezes, extensivos à rede conveniada. Também investe em processos de pesquisa acerca dos públicos atendidos pela Política de Assistência — populações tradicionais (indígenas, quilombolas e afro-brasileiras) e população em situação de rua — em parcerias realizadas junto a universidades e especialistas, na busca de subsídios à implantação e ao aprimoramento de políticas.

A FASC ampliou[28] seu quadro funcional, a fim de qualificar e ampliar suas ações, conforme previsto no Suas. Essa ampliação das

---

28. Entre 2008 e 2010, contrataram-se, mediante concurso público, 45 técnicos sociais (assistentes sociais e psicólogos), conforme orienta a Norma Operacional Básica de Recursos Humanos (NOB-RH) do Suas para a implantação dos Cras e Creas em Porto Alegre. Além disso, firmaram-se convênios com a finalidade de complementar seu quadro funcional: foram

redes de atendimento própria e conveniada provocou um aumento do recurso orçamentário municipal da Fundação. Para exemplificar, em 2006, seu orçamento foi de R$ 57.140.505,00 e, em 2014, passou para R$ 183.321.006,00, representando uma elevação de mais de 100% ao longo destes últimos oito anos. Percebe-se aumento também no repasse efetuado pela esfera federal, no mesmo período, ou seja, em 2006, a fundação recebeu R$ 1.346.693,00 do Fundo Nacional de Assistência Social e, em 2014, a previsão do repasse é de R$ 13.098.018,00.

No entanto, a ampliação do quadro funcional e do orçamentário ainda não é suficiente para cumprir com o que estabelece a Norma Operacional Básica de Recursos Humanos (NOB-RH), uma vez que a rede de serviços se encontra com seu quadro funcional insuficiente, com situações de vínculos empregatícios diferenciados, ou seja, convivem na mesma equipe profissionais concursados da Prefeitura Municipal de Porto Alegre (PMPA) e outros contratados por uma entidade conveniada, prestadora de serviços para a FASC.

Da mesma forma, o número de serviços de Cras e Creas necessita ser ampliado, a fim de dar conta das demandas próprias de uma metrópole como Porto Alegre, com uma população de 1.409.351 habitantes (dado do Censo Demográfico 2010 (IBGE, 2012).

Encontra-se em tramitação na Câmara de Vereadores o projeto com vistas à regularização do Suas na FASC. Esse propõe a organização da gestão, bem como a atualização e a previsão da criação de cargos para cumprir com o previsto na NOB-RH Suas.

O Bolsa Família, programa de transferência de renda do governo federal, destinado às famílias em situação de pobreza e extrema pobreza, que associa a transferência do benefício financeiro ao acesso a direitos sociais básicos — saúde, alimentação, educação e assistência social —, atendia em Porto Alegre, no mês de outubro de 2011, 44.868 mil famílias, que recebiam o benefício.

O ingresso das famílias no PBF ocorre por meio do Cadastramento Único do governo federal, conforme procedimentos definidos

---

incorporados 22 assistentes sociais e 22 psicólogos para os Cras e 40 educadores sociais e nove advogados para os Creas.

em regulamento específico. O cadastramento não implica a entrada imediata das famílias no Programa e, consequentemente, o recebimento do benefício. Cada município tem um número estimado de famílias pobres considerado como meta de atendimento do programa naquele território específico. Atualmente, em Porto Alegre, são, aproximadamente, 115.248 famílias cadastradas.

Percebe-se que a cidade de Porto Alegre, por intermédio do órgão gestor da Assistência Social, tem buscado cumprir com o previsto no Sistema Único, no que diz respeito tanto à sua rede interna quanto ao diálogo estabelecido com as entidades parceiras no atendimento e à articulação com os conselhos de direitos, demais órgãos do sistema de garantia de direitos e demais políticas públicas.

A implementação do Suas remete a processos de avaliação permanente, com vistas a seu aprimoramento. Nesse debate, relações estabelecem-se, pactua-se, muitas vezes, o novo, mas é necessário ter clareza de que o processo histórico se reafirma a cada instante nessas construções.

Ainda estão presentes muitas lacunas, indefinições e desafios em tempos de construção do Suas, o que se reflete em Porto Alegre. No entanto, a percepção de que mudanças estão ocorrendo, mesmo que "a passos lentos", também é revelada pelos próprios usuários da política, sujeitos entrevistados neste estudo, o que reafirma a importância do momento para a Política de Assistência Social no Brasil.

> A prova é que tá sendo implantado. Não uma coisa ainda concreta. Não tô falando que a Política de Assistência Social não tá alcançando. Ela tá alcançando os caminhos, mas ela tá indo, eu acho que tá indo muito a passos lentos... ainda porque não é só aqui (Depoimento do Sujeito 6).

A partir do debate do Suas como sistema de proteção social brasileiro, enfoca-se, no próximo capítulo, como a materialidade do Sistema e da garantia de direitos tem-se constituído na vida da população subalternizada e, consequentemente, dos sujeitos demandatários da Política de Assistência Social como cidadãos de direitos.

3

Cidadania, direitos sociais e usuários

> A assistência, ela é uma ferramenta do indivíduo pra alcançar a sua cidadania.
>
> (Depoimento do Sujeito 1)

O debate sobre cidadania, direitos sociais e usuários requer que, de início, se defina de que perspectiva teórica esses conceitos ganham materialidade no texto. Sua definição assegura que a análise dos achados de pesquisa possam ser problematizados na perspectiva do rompimento com a subalternidade na relação dos sujeitos de direitos com o asseguramento da proteção social que a Assistência Social deve prover.

Desse modo, este capítulo focará cidadania e direitos sociais numa perspectiva de espaço construído na luta de classes, sob a égide da sociedade capitalista, apostando em sua capacidade de romper com a ótica liberal. Já o conceito de usuário será trabalhado como um construto histórico no caminho do reconhecimento de sujeito de direito, protagonista coletivo de uma luta pela proteção social, o que é representado pelas falas dos sujeitos da pesquisa. Assim, o capítulo terá dois grandes eixos, o primeiro discutirá os conceitos de cidadania e direitos sociais, e o segundo problematizará o Suas e sua possibilidade histórica de ser o *lócus* do asseguramento da condição de cidadania.

3.1 A cidadania social: O direito a ter direito

A cidadania é compreendida como:

> [...] a capacidade conquistada por alguns indivíduos, ou (no caso de uma democracia efetiva) por todos os indivíduos, de se apropriarem dos bens socialmente criados, de atualizarem todas as potencialidades de realização humana abertas pela vida social em cada contexto, historicamente determinado (Coutinho, 2008, p. 50).

Ao utilizar o conceito de cidadania desenvolvido por Coutinho (2008) como referência, entende-se ser de suma importância iniciar a discussão remetendo-se para a análise das falas dos entrevistados na pesquisa empírica, quando se referem à cidadania e à possível relação com a Política de Assistência Social:

> Cidadã de direitos, eu acho que, eu acredito que seja a potencialidade de gerar oportunidade pras pessoas, onde a pessoa está incluída numa sociedade, e todos os seus direitos constitucionais básicos são garantidos. Cidadão de direito, tu é registrado, tem direito à saúde, educação, saneamento básico, então as pessoas têm que ter essa consciência do que é ser cidadão, do que é ter cidadania (Depoimento do Sujeito 1).

A fala da entrevistada demonstra seu entendimento e a relação que estabelece entre cidadania e garantia de acesso a direitos básicos de sobrevivência estabelecidos constitucionalmente. A noção de que todos fazem parte de uma sociedade e que devem, portanto, ter acesso àquilo que lhes é estabelecido legalmente remete ao que se diz ter consciência de ser cidadão, fato pouco observável em nossa sociedade.

Mas tu só vai ter essa consciência, se tu souber que tu também tem deveres, isso já vai um processo além, já vem de uma formação, de uma estrutura familiar, de um processo educacional, que hoje, infelizmente, as escolas também se esquecem de mostrar pras pessoas qual é o significado, desde os pequenininhos, da palavra cidadania (Depoimento do Sujeito 1).

Nossa história é permeada por uma cultura política em que aquilo que é direito assume a forma de benesses, de concessões. As classes subalternas acabam por internalizar essa cultura da dominação e assumem uma posição de subordinação àquilo que lhe é imposto.

Ter consciência de que existem, sim, as dificuldades dentro da estrutura do quadro social, mas buscar uma qualificação, buscar uma evolução tanto como pessoa, tanto como um processo profissional quanto num processo de qualificação, e estrutura social básica é fundamental pra que a pessoa tenha consciência do que é cidadania, assim como a inversão também da palavra democracia, acho que falta essa estrutura na sociedade, a consciência da pessoa do que é cidadania (Depoimento do Sujeito 1).

A entrevistada atenta para o necessário processo de rompimento com essa condição de subalternidade pela tomada de consciência por parte dos sujeitos daquilo que lhe é direito e que se expressa em relações democráticas e de cidadania. Traz, nessa discussão, um ponto fundamental que é expresso por ela como falta de estrutura na sociedade, ou seja, não reduz a questão somente para o indivíduo, mas traduz sua preocupação com o envolvimento do coletivo, da sociedade.

A fala aqui exposta remete, portanto, a muitas questões a serem refletidas e problematizadas. Principalmente, buscam responder a indagações colocadas no início deste livro e que vão balizar a necessidade de dar voz aos entrevistados: "Os sujeitos demandatários da Política de Assistência Social percebem-se como sujeitos de direitos no Estado brasileiro?; Qual a contradição entre protagonismo e consenso, entre direitos e deveres para a compreensão de sua cidadania?".

A constatação de que três dos sujeitos entrevistados não souberam responder à questão que lhes foi feita quanto ao tema em debate, alegando não saber o que dizer ou, simplesmente, afirmando não entender nada sobre o tema da cidadania ou sobre sujeito de direitos, demonstra que ainda há falta de clareza, entre a população usuária da Política de Assistência Social, sobre o que está determinado, desde a Constituição Federal de 1988, quanto ao dever do Estado de prover acesso a todos que necessitam da política. E mais, fica a necessidade de ser intensificada a publicização da Política de Assistência Social, pois, em uma das entrevistas, é dito que há falta de conhecimento do que é ter direitos pelo fato de nunca essa informação ter sido veiculada pelos meios de comunicação. Portanto, explicita-se, nessas falas, a complexidade da difícil relação entre o mundo social e o universo público da cidadania (Telles, 2006) na demonstração do fosso entre a ordem legal e a reposição das desigualdades e exclusões na trama das relações sociais, o que reatualiza, a cada momento, a exigência e a concretização de direitos para as classes subalternas.

Em relação aos que responderam, dois sujeitos disseram que cidadania é ter acesso ao que está previsto na Constituição Federal, principalmente às políticas públicas de educação, saúde, habitação e Assistência Social. Ou seja, é poder usufruir daquilo que é apontado como básico para a reprodução dos indivíduos e necessário para a formação de cada um.

A relação entre cidadania e direitos é outro ponto que reforça o entendimento dos sujeitos entrevistados, bem como a premissa de que o fato de ter direitos remete a ter deveres.

Percebe-se que é presente, nas falas, essa relação entre direitos e deveres, sempre trazendo para a questão individual, sem a percepção do coletivo ou do pertencimento de cada um a uma classe social, ainda que "subalterna". Trazer aqui a discussão de Coutinho (2008) quanto ao fato de que a cidadania não é uma concessão a indivíduos, mas sim uma conquista resultante das lutas travadas, quase sempre, a partir de baixo, das classes subalternas, ainda que em um processo histórico de longa duração, parece ser importante para entender que esse processo de tomada de consciência do que é ser cidadão de direitos se determina como processo eminentemente histórico.

É importante constatar, na fala do Sujeito 1, que falta, na sociedade, a consciência da pessoa do que é cidadania e democracia.

Coutinho (2008) atenta para que os conceitos de cidadania, democracia e soberania popular sejam pensados historicamente, na lógica de poderem ser entendidos, em última instância, como sinônimos. Democracia e soberania popular, para ele, podem ser definidas como "[...] a presença efetiva das condições sociais e institucionais que possibilitam ao conjunto dos cidadãos a participação ativa na formação do governo e, em consequência, no controle da vida social" (Coutinho, 2008, p. 50).

O direito de ir e vir e de ter acesso à cidade aparece na fala de um sujeito indígena e na de outros dois que moram nas ruas:

> Cidadania, eu acho que os direito de cada um são igual, são igualdade, não tem diferença nenhuma. Hoje, a questão de não índio, que são o que os índios fala que são os brancos. Eu acho que o índio tanto faz parte do não índio, eu acho que já são tudo igual, os direito já são tudo igual, não tem diferença nenhuma. Só que as questão dos índios ainda tem um pouco de preconceito. Eu acho que, porque os índios, eles pensam que o lugar deles é na mata e que ainda eles podem viver só na sua aldeia, na sua reserva, né?, e agora não, agora têm índios professores, tem índio advogado, que tão se formando pras outras questão: de dentista e outros mais coisa que antigamente não era assim. Antigamente, o índio vivia preso, mas agora não. Porque, hoje, o índio, ele tem tudo, os seus direito que nem o não índio, que nem os brancos. Tem todos os documentos. Hoje, um índio vai pra urna, antigamente, não ia pra urna o índio. Agora ele também vai (Depoimento do Sujeito 3).

Para o morador da aldeia, é fundamental poder circular fora dela, ter acesso à formação, à educação, ao direito de possuir documentação e, consequentemente, votar e eleger os governantes, o que, para ele, é um processo em construção e com certos direitos já adquiridos pelo seu povo. Foi somente a partir de Constituição de 1988 que os indígenas adquiriram o direito ao voto; até então, eram considerados incapazes.[1]

---

1. Para aprofundar esse tema dos direitos, ver Couto (2004).

Para o representante de um movimento organizativo de moradores em situação de rua, é ainda necessário que conquistem o direito de ter acesso às praças da cidade sem que sofram repressão da polícia e discriminação da sociedade como um todo:

> Como eu disse, nós tamo numa voz dos usuários, dos moradores de rua. Tem muita coisa que a gente tem que batalhar ainda. Por exemplo, o direito de ir e vir. A polícia espancando o pessoal nas praças. Eles acham que são espanador de pó, porque só espana assim, e levanta e toca tudo de novo. Então não adianta. Se tiver que fazer isso, tem que ir à Assistência Social pegar essas pessoas que tão ali na praça. Eles não querem isso. Procurar um lugar pra colocar elas. Não chegar batendo. Eu acho que isso aí deveria ter um pouco mais de atenção da Assistência Social também sobre isso. É o que tá acontecendo hoje em dia. Por isso, que eu digo que a polícia tá despreparada. Eu acho que a sociedade também está despreparada. Ela não vê o morador de rua, é invisível, eles não querem saber (Depoimento do Sujeito 9).

No cotidiano da população em situação de rua, ainda são presentes os processos de expulsão dos espaços públicos, configurando-se instabilidade constante a ocupação da rua e os modos de habitar dos sujeitos, o que, na referência do Sujeito 9, explicita a contradição com a garantia legal do direito de ir e vir para todos.

Ao fazer referência quanto ao compromisso que a Política de Assistência Social deve ter a esse respeito, critica sua falta de envolvimento nessas lutas e cobra sua atuação e posicionamento contra a política higienista que os sujeitos que moram nas ruas sofrem.[2] Percebe-se, dessa forma, seu entendimento de que a Assistência Social não é somente porta de entrada para serviços ou benefícios, mas também para acesso a direitos. Ou seja, a política social e a de assistência podem

---

2. Estudo realizado em Porto Alegre, no final de 2007, com pessoas adultas em situação de rua revelou que 66% dos entrevistados já sofreram algum tipo de violência, e o agente causador mais citado foi os "brigadianos", ficando com 26,6% das citações em primeiro lugar e 11,9% em segundo lugar, o que demonstra a ação da Policia Militar em relação à população pesquisada em situações de contingência da vida, em situação de rua. Para obter mais dados, ver Schuch et al. (2008).

assumir, contraditoriamente, dupla função: atender à funcionalidade dos interesses da classe dominante, mas também às demandas das classes subalternas, possibilitando-lhes o acesso a recursos e serviços ofertados pelo Estado.

O depoimento a seguir reforça a visão da Política de Assistência como porta de entrada e aponta o direito que cada pessoa tem de querer, ou não, tornar-se um "usuário" da política.

> Em minha opinião, todas as pessoas, todo ser humano tem direito a uma Assistência, mas a gente tem que procurar a Assistência também. Não é todos que querem procurar o Serviço de Assistência. É que eu tô falando, assim, sobre pessoas de rua. Porque, o que eu acho é que o cidadão pode ter esperança. Não posso dizer certo, porque cada pessoa pensa, de uma maneira diferente, o jeito de ver direitos, todo mundo tem que ter direitos, mas a gente tem que querer também esses direitos, e saber onde procurá-los e aproveitar isso (Depoimento do Sujeito 10).

De certa forma, essa fala chama atenção para o fato de que esse direito deve também ser respeitado pela própria política, ao estabelecer, por exemplo, um vínculo com sujeitos que vivenciam a situação de rua, respeitando seu tempo e modo de viver, próprios de sua situação.

> O cidadão? É o meu direito de ir e vir, o meu direito de trabalho, o meu direito de requerer aquilo que faz parte do meu direito (Depoimento do Sujeito 6).

Para o Sujeito 6, cidadania, além de traduzir seu direito de ir e vir, remete à questão do direito ao trabalho. Essa discussão é essencial, pois traz para a reflexão um conceito-chave — a categoria trabalho — e como a Política de Assistência Social vem entendendo esse aspecto com os sujeitos demandatários.

A Assistência Social, no Brasil, integra o tripé da Seguridade Social, juntamente com a política de Saúde e a Previdência Social, somente a partir de 1998. Embora as Políticas de Assistência Social e Saúde sigam, desde a Constituição Federal de 1988, os princípios de um modelo não contributivo, a Previdência Social ainda permanece sob a lógica do seguro social, ou seja, com contribuição prévia, estruturada com base na organização social do trabalho.

Esse modelo de seguro social constituído, no Brasil, desde os anos 1920 ainda permanece para a Previdência e fundamenta-se em um tipo de proteção limitada, que garante direitos apenas àquele trabalhador que está inserido no mercado formal de trabalho ou àquele que contribui mensalmente para a Seguridade Social, portanto, só universaliza direitos sociais, se universalizar, igualmente, o direito ao trabalho (Boschetti, 2009).

Essa lógica engendrada pelo capitalismo para garantir um mínimo de segurança social aos trabalhadores que estão inseridos em relações estáveis de trabalho deixa de fora inúmeros trabalhadores, excluídos do acesso ao emprego e das contribuições à Previdência, causando uma clivagem social:

> [...] eles não têm proteção previdenciária porque não contribuem e, na maioria das vezes, não têm acesso à assistência social porque esta é reservada a algumas situações bem específicas ou aos pobres "incapacitados" de exercer uma atividade laborativa (Boschetti, 2009, p. 179).

Cabe lembrar, aqui, que a sociedade brasileira carrega uma herança histórica, na qual a lei, em vez de garantir e universalizar direitos, "[...] destitui indivíduos de suas prerrogativas de cidadania e produz a fratura entre a figura do trabalhador e a do pobre incivil" (Telles, 2006, p. 92). Segundo a autora, uma lei que proclama a garantia de direitos sociais e, ao mesmo tempo, sacramenta desigualdades repõe hierarquias pelo viés corporativo e introduz segmentações que transformam em pré-cidadãos todos os que não têm carteira de trabalho.

O próprio texto constitucional, segundo Boschetti (2002), revela o paradoxo intrínseco a ele mesmo. Ao afirmar, como diretriz, a universalidade, referindo que a *assistência será prestada a quem dela necessitar*, introduz, em seus objetivos, o limite da proteção à família, à maternidade, a crianças, a adolescentes, a idosos e a inválidos. Em relação à assistência via trabalho, reafirma "a clássica forma", a da *promoção da integração ao mercado de trabalho*. Para a autora, "[...] não basta ser pobre para ter direito à assistência; é preciso, ainda, não estar em (ou não ter) condições de trabalhar" (Boschetti, 2002, p. 15). Aqueles trabalhadores que estão sem condições de fazer qualquer tipo de contribuição para a Previdência permanecem sem nenhum tipo de benefício assegurado na legislação constitucional, ou seja, "[...] a primazia do trabalho como base estruturadora da ordem social capitalista é, assim, reiterada com vigor" (Boschetti, 2002, p. 15). Reafirma, portanto, na relação entre Assistência e trabalho, na regulação da ordem social e na organização social do trabalho, a máxima: assistência mínima aos inválidos e trabalho forçado aos válidos (Boschetti, 2003).

A Assistência Social deve ocupar-se dos pobres "incapazes" para o trabalho, reforçando a antiga visão de separação entre os pobres merecedores e os não merecedores, o que descaracteriza o caráter "inovador" da Assistência como direito. Como problematiza Couto (2004, p. 167-168):

> Sendo assim, pode-se inferir que, embora a concepção de assistência social porte uma dimensão de "provisão social", que tem por base a noção de direito social, a mesma é plasmada no contexto de uma sociedade que historicamente vinculou o campo dos direitos sociais à versão de compensação àqueles que, pelo trabalho eram merecedores de serem atendidos socialmente. Sendo assim, o campo dos direitos, na sociedade brasileira, é marcado por um processo contraditório, próprio da relação acumulação de capital *versus* distribuição de renda. Ou seja, o que está em jogo para que sejam efetivados os direitos sociais é a possibilidade, ou não, nos parâmetros dessa sociedade, da ampliação de investimentos de capitais em áreas não lucrativas.

A Assistência Social apresenta-se como a via privilegiada para atenção às necessidades sociais, impondo um chamamento legítimo à promoção da justiça. Dessa forma, "[...] resulta de resistências estruturais ao modo de produção capitalista, as quais problematizam por dentro a compulsão deste modo de produção para a desigualdade e justiça" (Pereira, 1996, p. 39). Embora antagônicas, no modo de produção capitalista, é possível serem vislumbradas duas modalidades de Assistência Social: *stricto sensu* e *lato sensu*. A primeira identifica-se com os imperativos da rentabilidade econômica, sem compromisso com a justiça, é comumente chamada de assistencialismo, pois sua relação estreita é com a noção de pobreza absoluta e com as formas emergenciais de atendê-la. A segunda modalidade, chamada *lato sensu*, apresenta uma proposta de democratização ou inclusão social ancorada no princípio da universalização, constituindo "a feição verdadeiramente social das políticas de bem-estar capitalistas" (Pereira, 1996, p. 40).

É no contexto de um processo contraditório que o campo da Assistência Social vai à busca de sua regulamentação, ancorada na concepção de assistência *lato sensu*. A defesa dessa modalidade intenta recriar a dialética entre o econômico e o político, considerando a Assistência como questão de direito.

Foi somente com a PNAS/Suas, ou seja, a partir de 2004, que a Política de Assistência Social rompeu com a segmentação de seus usuários, propondo acesso universal a todos os indivíduos e famílias que dela necessitam, independentemente de estarem inseridos, ou não, no mercado de trabalho.

No entanto, essa prática é recente e ainda permanece no cotidiano dos serviços de atendimento e da gestão dos benefícios — a questão do trabalho como condição "digna" para a cidadania.

A fala de um sujeito entrevistado reforça essa possibilidade de que, uma vez trabalhando, não necessitaria estar utilizando a Política de Assistência:

> [...] terminou esse prazo de trabalho lá, esse contrato de trabalho. Não foi pela minha opção, se fosse pela minha opção, eu tava lá porque eu tô ganhando meu salário, daí, eu tô me mantendo, eu tô fazendo as minhas coisas. Então, quer dizer, eu não precisaria utilizar e nem teria também esse horário agora disponível prá tá aqui, hoje. Eu estaria trabalhando, eu estaria no meu horário de trabalho (Depoimento do Sujeito 6).

Alterar a lógica instituída de ações compensatórias e focalizadas, que a Política de Assistência Social desenvolveu no Brasil e ainda permanece, de certa forma, executando, por exemplo, por meio dos programas de transferência de renda, já abordados em capítulo anterior, é ainda um grande desafio para a Política de Assistência. Essa lógica acaba por reiterar a condição de subalternidade, já internalizada em muitos sujeitos que demandam a política, reforçando sua incapacidade pessoal para prover os meios de subsistência para si ou para sua família, vendo-se obrigados a recorrer à Assistência Social sob a intenção da ajuda e não do direito, interferindo, portanto, no exercício de sua cidadania.

A constituição dos direitos no Brasil guarda singularidades próprias da sociedade brasileira. Essa trajetória não será aqui trabalhada de forma aprofundada, porém alguns aspectos serão destacados, com a intenção de melhor compreender como essa constituição dos direitos, principalmente os direitos sociais,[3] interferiram na cidadania dos brasileiros, com ênfase na classe subalterna.

3.2 A herança brasileira no trato dos direitos sociais: A cidadania pelo avesso

A herança de um período colonial e oligárquico vivido no Brasil reproduz vários aspectos e apresenta reflexos negativos para a compreensão da cidadania dos brasileiros.

A administração colonial era baseada na falta de um poder público, onde as decisões eram tomadas pelos senhores, que exerciam seu poder através de suas influências como grandes proprietários. Não havia, na época, cidadãos, "[...] os direitos civis beneficiavam a poucos, os direitos políticos a pouquíssimos, dos direitos sociais ainda não se falava, pois a assistência social estava a cargo da Igreja e

---

3. Para aprofundar esse tema e a relação com a Política de Assistência Social, ver Couto (2004). As reflexões históricas aqui apontadas estão embasadas em Carvalho (2004).

de particulares" (Carvalho, 2004, p. 24). Além disso, ao final do período colonial, também não se contava com o sentimento de nacionalidade no povo brasileiro (Carvalho, 2004).

No período da Primeira República, de 1889 a 1930, não mudou muito o contexto anterior. Houve um avanço em relação aos direitos políticos, porém a corrupção nos processos eleitorais era imensa, prevalecendo os desejos e os poderes das oligarquias brasileiras. Com isso, o restante da população ficava à mercê das fraudes, submissa diante da venda de seus votos em épocas de eleição. Esse período ficou conhecido como a "República dos coronéis", pois as alianças desse segmento, por meio de seus representantes, eram fortes com o presidente da República. O federalismo reforçava as lealdades provinciais em detrimento da lealdade nacional. O país herdou a escravidão, a grande propriedade rural e também um Estado comprometido com o poder privado.

A partir de 1930, com a industrialização, começou a formação da classe operária brasileira, representando certo avanço para a cidadania.

No entanto, no campo dos direitos sociais, a Assistência Social permanecia nas mãos de entidades filantrópicas, retirando do Estado essa tarefa. Até mesmo a garantia da educação primária saiu das obrigações do Estado, assim como as regulações na área do trabalho, que ocorreram somente a partir de 1923, com a criação da Caixa de Aposentadoria e Pensão para os ferroviários. Na esfera rural, o caráter assistencialista exercido nas relações com o povo permanecia sob a administração dos coronéis, legitimando a condição de favor e de benesse no trato das problemáticas sociais.

Com a Revolução de 1930, Getúlio Vargas assumiu a presidência da República prometendo alterar o sistema eleitoral e, principalmente, instituir reformas sociais na área do trabalho. No contexto político, contava-se com o movimento tenentista[4] e com a revolta paulista, marcos importantes da época.

---

4. Movimento dos jovens oficiais do Exército, iniciado em 1922, influenciado pelas ideias positivistas, cujas principais buscas eram contra o poder das oligarquias. Defendia a industrialização do país bem como a reforma agrária e a centralização do poder (Carvalho, 2004).

O estado de São Paulo opôs-se ao governo, clamando pela nova Constituição e pelo fim do governo ditatorial. Apesar da derrota da batalha, foram convocadas, pelo governo federal, as eleições para eleger a Assembleia Constituinte, a qual também deveria eleger o presidente da República, representando um avanço no campo da política. Getúlio Vargas assumiu a presidência do país, e a nova Constituição brasileira, inspirada no modelo alemão liberal, de Weimar, continha um capítulo que tratava da ordem econômica e social.

Nesse contexto de transformações político-institucionais, houve a formação de dois grandes partidos políticos: a Aliança Nacional Libertadora (ANL), sob a orientação da Terceira Internacional, liderada por Luís Carlos Prestes, e a Ação Integralista Brasileira, de orientação fascista, liderada por Plínio Salgado. Apesar das divergências dos partidos, eles representavam a emergência de um Brasil urbano e industrial, buscando um poder maior para o governo federal e a definição de um projeto de construção nacional. No entanto, a ANL resolveu radicalizar sua posição e, em 1935, desencadeou três revoltas, no Rio de Janeiro, em Recife e em Natal, buscando desenvolver manifestações populares. O governo conteve tais movimentos de caráter "comunista" fechando a ANL e perseguindo seus simpatizantes. Foi o início e o pretexto para o golpe de 1937, o qual depôs o governador do Rio Grande do Sul, Flores da Cunha, que representava o último reduto da velha política oligárquica estadual.

O Congresso foi fechado e decretou-se a Nova Constituição. Getúlio Vargas ficou à frente do, então, Estado Novo, pregando "o desenvolvimento econômico, o crescimento industrial, a construção de estradas de ferro, o fortalecimento das forças armadas e da defesa nacional" (Carvalho, 2004, p. 107). Contando com o apoio das forças armadas, a ditadura, de 1937 a 1945, proibiu as manifestações políticas, a censura controlava a imprensa, as prisões ficaram lotadas de inimigos políticos e o governo legislou por decreto. Foi um regime que misturava repressão e autoritarismo com paternalismo, controlando o povo, a fim de evitar manifestações nas ruas. Nessa época, surgiram os sindicatos, controlados pelo governo, com o objetivo de organizar os operários e os patrões e impedir os conflitos sociais.

Nesse período da história de rompimento com o modelo hegemônico agrário-exportador passando ao urbano-industrial, a questão social tornou-se obrigação do Estado, pois, até então, vinha sendo tratada como caso de polícia ou suprida pelas benesses das instituições filantrópicas.

Com a industrialização, a expansão da classe operária e dos setores médios urbanos desenhou um novo contexto nas cidades, tanto referente ao crescimento demográfico quanto ao aumento da pobreza. A participação e a reprodução social tomaram lugar na agenda política estatal.

O processo de modernização econômica, social e institucional desfazia as regras da República oligárquica, porém não promovia a cidadania; as relações com o Estado eram tuteladas, e a proteção social entendida como autodefesa do trabalho diante do capital. Os direitos civis e políticos tiveram pequenos avanços nesse contexto.

Para Couto (2004), a relação entre o povo, a elite e os governos, no Brasil, foi marcada pela ótica persistente da dádiva e do compadrio, em que a noção de direito foi substituída pela de concessão, mantendo, assim, como compromisso, a manutenção do *status quo*.

> E essa característica atravessa os vários movimentos e regimes políticos da sociedade brasileira, construindo uma relação de dependência entre quem detém o poder, a terra, os meios de produção e o capital *versus* aqueles que vivem e sobrevivem à margem da riqueza socialmente produzida e que têm incorporado a "concessão social" como demarcadora de sua vida e o "Direito Social" como categoria intangível pela ótica da cidadania (Couto, 2004, p. 92).

Dessa forma, no Brasil, a pirâmide dos direitos foi "[...] colocada de cabeça para baixo", utilizando a expressão cunhada por Carvalho (2004). Em primeiro, vieram os direitos sociais, depois os políticos e, por último, os civis: "O autoritarismo brasileiro pós-30 sempre procurou compensar a falta de liberdade política com o paternalismo social" (Carvalho, 2004, p. 190).

Durante o período dos governos militares, pós-1964, os direitos civis e políticos foram cerceados e, novamente, houve investimento nos direitos sociais: a Previdência foi unificada e universalizada por meio da criação do Instituto Nacional da Previdência Social (INPS), incluindo, na Previdência, os trabalhadores rurais, as empregadas domésticas e os trabalhadores autônomos, ficando de fora somente aqueles que não tinham relação formal de emprego. Em 1974, foi criado o Ministério da Previdência e Assistência Social. Embora tenha havido investimentos na área social, eles representavam caráter limitado e autoritário na concepção dos direitos sociais e asseguravam a sustentação política do regime.

No entanto, nos governos militares, sob o ponto de vista da cidadania, deve ser levada em conta a "manutenção do direito ao voto combinada com o esvaziamento do seu sentido e a expansão dos direitos sociais em momento de restrição dos direitos civis e políticos" (Carvalho, 2004, p. 172).

Nesse período, foram usados os atos institucionais, como instrumentos legais de repressão, sobrepondo-se à Constituição vigente, estabelecendo, dessa maneira, as regras de convivência entre os governos militares e a sociedade em geral, que "[...] apontam a forma como os direitos civis, políticos e sociais eram concebidos e gestados, demonstrando, assim, os interesses dominantes desse período histórico" (Couto, 2004, p. 122). Esses atos arbitrários, para a autora, reforçavam o critério do mérito e anulavam a constituição de uma cultura de direitos, expulsando, da órbita do sistema de proteção social, a participação popular.

Ao final de 1974, iniciaram, no país, as mobilizações e organizações sociais por meio de movimentos sociais, entidades, sindicatos e organizações não governamentais, os quais culminaram, em 1984, com o movimento reivindicatório pelas eleições diretas. Mesmo sem êxito, a luta pelas "Diretas" representou certo avanço, na sociedade brasileira, de retomada de um movimento de mobilização política em busca da abertura democrática e do rompimento com um longo período de autoritarismo no país.

Com o término dos governos militares, os direitos civis foram restituídos, porém favoreceram uma parcela pequena da população, "[...] a maioria continuou fora do alcance da proteção das leis e dos tribunais" (Carvalho, 2004, p. 194) e, mesmo com os direitos políticos retomados, a forte urbanização levou à formação de metrópoles com grande concentração de populações marginalizadas, as quais ficaram, muitas vezes, à mercê de ações policialescas, devido à ausência de segurança pública: "[...] a precariedade dos direitos civis lançava sombras ameaçadoras sobre o futuro da cidadania, que, de outro modo, parecia risonho ao final dos governos militares" (Carvalho, 2004, p. 195).

Com a retomada da democratização no país, em 1988, instituiu-se a Constituição Federal denominada Constituição Cidadã. A preocupação central era ter a garantia aos direitos do cidadão, fruto de muitas lutas travadas, naquele período, pela sociedade civil. Foi assegurada a universalidade do voto, tornando-o facultativo aos analfabetos, e ampliada a legislação pertinente à organização e ao funcionamento dos partidos políticos, permitindo, assim, o aumento do número deles no país. A Constituição ampliou, também, os direitos sociais.

A definição da Seguridade Social, como o tripé das políticas de Saúde, Assistência Social e Previdência Social, representou um avanço significativo nas políticas públicas. Além de garantir à Assistência Social o *status* de política pública, definiu um novo modelo de financiamento, apoiado em um financiamento único, determinando os planos de benefícios e as formas de organização do sistema. O texto constitucional definiu os princípios e objetivos da Seguridade, como universalização, equidade, seletividade e distributividade na prestação de serviços e benefícios, irredutibilidade do valor dos benefícios, equidade na forma de participação no custeio, diversidade da base de financiamento e democratização e descentralização da gestão, determinando, portanto, a concepção de um sistema de proteção integral ao cidadão.

Quanto aos direitos civis estabelecidos antes dos governos militares, eles foram recuperados após 1985. A Constituição de 1988 criou o direito de *habeas data*, ou seja, qualquer pessoa pode exigir do governo acesso às informações existentes sobre ela nos registros públicos, mesmo as de caráter confidencial, também definiu o racismo como crime inafiançável e imprescritível, a tortura como crime inafiançável e não anistiável, entre outros (Carvalho, 2004).

As inovações legais e institucionais foram importantes no Brasil, no entanto, para o autor aqui referenciado, dos direitos que compõem a cidadania no país, são ainda os civis que apresentam as maiores deficiências em termos de seu conhecimento, extensão e garantias. Pesquisa feita em 1997, na região metropolitana do Rio de Janeiro, demonstrou a precariedade do conhecimento dos direitos civis, políticos e sociais por parte da população: 57% dos pesquisados não sabiam mencionar um só direito e somente 12% citaram algum direito civil, ficando a cargo do fator educação o melhor conhecimento, ou seja, o desconhecimento dos direitos caía de 64% entre os entrevistados que tinham até a quarta série para 30% entre os que tinham o terceiro grau, demonstrando, assim, a ligação direta do comportamento das pessoas no que se refere ao exercício dos direitos civis e políticos com o grau de instrução que possuem (Carvalho, 2004).

Na pesquisa empírica realizada para este livro, pode-se observar também certo desconhecimento: entre os dez entrevistados, dois não souberam explicar o que entendiam por cidadania ou sujeito de direitos; um entrevistado alegou nunca ter ouvido, nos meios de comunicação, nada a respeito; e outro disse, simplesmente "[...] não entendo nada disso".

A ausência de ampla organização autônoma da sociedade faz com que os interesses corporativos prevaleçam na sociedade brasileira, apesar das conquistas evidenciadas a partir de 1988, reforçando a cultura política autoritária. Segundo Carvalho (2004), a democracia brasileira ainda é muito frágil, e a ênfase maior precisa ser dada à organização da sociedade, para dar "[...] embasamento social ao político, isto é, para democratizar o poder. A organização da sociedade não precisa e não deve ser feita contra o Estado em si. Ela deve ser feita contra o Estado clientelista, corporativo e colonizado" (Carvalho, 2004, p. 227).

A construção das legislações e os vários planos econômicos implementados a partir da Constituição foram insuficientes para alterar o estoque de desigualdade persistente na sociedade brasileira.

O Brasil tornou-se signatário dos organismos internacionais e seguiu as orientações neoliberais, assim como quase todos os países do mundo. Embora a legislação no país avançasse, as medidas seguidas pelos governos que sucederam esse período foram de retração do papel do Estado no trato com a questão social, reforçando sua gestão pela iniciativa privada.

Dessa forma, vive-se a contradição entre o que está previsto nos princípios dos direitos garantidos na Constituição e em legislações subsequentes e as medidas implantadas, as quais retornam a velhas práticas autoritárias e refletem a herança patrimonialista da sociedade brasileira. No entanto, esses limites devem ser superados e, segundo Couto (2004, p. 182):

> [...] incorporar a legislação à vida da população pobre brasileira é necessariamente um dos caminhos, embora insuficiente, para incidir na criação de uma cultura que considere a política de assistência social pela ótica da cidadania.

Uma das intenções da pesquisa empírica realizada neste estudo é visualizar como essas legislações têm sido "incorporadas" e traduzidas na visão dos sujeitos que buscam os serviços de Assistência Social em Porto Alegre. Alguns pontos de vista já foram revelados no início do capítulo e expressam como certos modos de compreender a cidadania aparecem na vida desses sujeitos, muitas vezes, determinados pela cultura política intrínseca na sociedade brasileira, da lógica de favores e não do exercício de direitos.

Segundo Chaui (1999), o perfil da sociedade brasileira, resumidamente, pode ser desenhado em quatro traços. O primeiro é presença de relações sociais hierárquicas ou verticais, nas quais os sujeitos sociais se distribuem como "superiores mandantes competentes e inferiores obedientes incompetentes", em que o princípio da igualdade formal jurídica e o da igualdade social real não operam, pois o que impera são as discriminações sociais, étnicas, de gênero, culturais e religiosas. O segundo são as relações sociais e políticas fundadas em contatos pessoais, prevalecendo o paradigma sociopolítico do favor, da clientela e da tutela e as formas variadas de paternalismo, populismos e mandonismos locais e regionais. Os poderes oligárquicos imperam, e o princípio da liberdade e o da responsabilidade inexistem, fragilizando as formas de representações e as decisões coletivas. O terceiro são as desigualdades econômicas e sociais, que alcançam patamares extremos, causando a polarização entre carência e privilégio:

> [...] ora, uma carência é sempre particular e específica, não conseguindo generalizar-se num interesse comum nem universalizar-se num direito, e um privilégio, por definição, é sempre específico e particular, não podendo generalizar-se num interesse comum nem universalizar-se num direito sem deixar de ser privilégio. Na medida em que prevalecem carências e privilégios e os direitos não conseguem instituir-se, inexistem condições para a cidadania e para a democracia que, [...], tornaram-se inseparáveis da ética (Chaui, 1999, p. 43).

E, por último, afirma que, à medida que não operam os princípios da igualdade, da liberdade, da responsabilidade, da representação e da participação, nem o da justiça e dos direitos, a lei não funciona como lei, opera com repressão e torna-se espaço privilegiado para a corrupção: "[...] não se institui um polo de generalidade e universalidade social e política no qual a sociedade se reconheça" (Chaui, 1999, p. 43).

Percebe-se que os traços apontados pela autora persistem e se renovam na sociedade brasileira, reafirmando poucas condições de exercício de cidadania, principalmente para as classes subalternas. Nessa sociedade marcada por relações de tradições autoritárias e hierárquicas, persiste a lógica das desigualdades, impedindo que relações de igualdade se estabeleçam, ainda que definidas em leis.

Na análise das falas dos entrevistados na pesquisa, fica evidente que a noção de direitos quase sempre vem acompanhada da noção de "ajuda" ou da noção de "deveres":

Eu acho assim, é o que eu sempre digo pros meus filhos: todo cidadão tem direitos e deveres, é o meu ponto de vista. A gente tem direitos e deveres. Não adianta, mais uma vez, eu vou usar o exemplo aqui das gurias, não adianta chegar aqui e exigir: "*Eu tenho o direito de ser atendida*", mas eu tenho dever de vir e ser educada com elas, não ser mal-educada, porque, assim como elas tem o dever de me atender, elas têm o direito de ser bem-recebida. Eu não posso chegar aqui quebrando tudo: "eu quero ser atendida agora!", sabe?, todo o cidadão tem seus direitos e seus deveres, e esse, o atendimento do Serviço Social é um direito nosso, é um direito, mas, tipo assim, se reorganizar, eu não posso ficar também, a vida toda, esperando, porque eu sei que aquilo ali é meu direito, sabe? tentar me reorganizar é meu dever (Depoimento do Sujeito 7).

Fica claro que a entrevistada reconhece que o atendimento que lhe é prestado pelo "Serviço Social" é um direito que possui, porém também percebe que a relação da busca por esse atendimento remete à questão dos deveres que ela atribui a si própria: como chegar no Creas, a forma de se relacionar e, o mais enfático, o dever que remete a si de reorganizar sua vida. Ora, pode-se inferir que o dever de "reorganização" de sua vida e de sua família carrega um saldo de responsabilidades que estão além de suas possibilidades, porém a resolução de suas dificuldades é atribuída, por ela, como responsabilidade somente sua, reforçando, com isso, sua culpa, se não as resolver, confundindo direito com ajuda, cidadania com proteção assistencial.

Eu venho buscar o que eu tenho direito. Se eu tenho direito à Assistente Social, conversar, eu vim buscar o que é meu de direito, é o que eu entendo. Ajuda, o apoio deles, que tão sempre apoiando a gente. Que nem eu disse, o ProJovem, que as minhas filhas só queriam rua, rua, rua, aí, eu coloquei aqui. É uma ajuda (Depoimento do Sujeito 4).

Novamente, a noção de direitos confunde-se com a de ajuda. A ajuda aqui se traduz na inclusão de suas filhas no ProJovem, serviço oferecido pelo Cras, o que, na Política de Assistência Social, se constitui em um serviço de prevenção da rede básica. Também se percebe, nessa fala, assim como em outras, o quanto fica confusa a noção do atendimento pelo Serviço Social e não da Política de Assistência Social.

A superação de uma "pedagogia subalternizante", vinculada à organização e ao desenvolvimento da cultura dominante, por parte do Serviço Social significa, para Abreu (2002, p. 134), alterar "[...] a relação entre os usuários e os serviços institucionais assistenciais, refuncionalizando a 'ajuda psicossocial individualizada' na medida em que essa passa a ser vista em suas contradições". É negar as suas dimensões políticas e ideológicas como benesse e como mecanismos de controle, para, então, assumir a sua dimensão de defesa de direitos, por meio da construção de processos de mobilização, capacitação e organização das classes subalternas.

A Assistência Social, ainda que se constitua como política pública desde a Constituição de 1988, é confundida com a profissão do Serviço Social não somente pelos usuários da política. Por muitas vezes, o Serviço Social é usado como sinônimo da Assistência também por seus trabalhadores e gestores. A tradição e a história da profissão carregam ainda essa lógica com cunho assistencialista, sendo a ajuda enfatizada, em vez da noção de direito.

Portanto, a afirmação da Assistência Social como política pública garantidora de direitos ainda está em fase de reconhecimento, na sociedade brasileira, embora, para a maioria dos sujeitos entrevistados (80%), os serviços de atendimento representam o espaço que encontram para essa busca, mesmo que seja traduzida, contraditoriamente como "ajuda":

> Eu acho que é o que está dentro da Constituição. É o direito de ir e vir. O direito à educação, o direito ao lar, o direito à saúde. Todos têm direitos. Não é porque eu tô na rua, ou outro irmão ta na rua, que não tem direito. Todos têm direito, e aí, a gente tem que ter um lugar pra procurar esses direitos, eu acho que a Assistência Social é um passo fundamental. É um lugar que é uma porta de entrada, pode-se dizer assim? É onde nós procuramos esses direitos (Depoimento do Sujeito 9).

A formação social brasileira apresenta, em sua base estrutural, o escravismo e é perpassada por relações que privilegiam o clientelismo, o favor, o paternalismo e a privatização do público. Francisco de Oliveira (1999, p. 59), ao referir-se aos principais intelectuais que interpretaram essa formação da sociedade brasileira,[5] afirma ser:

> [...] um processo complexo de violência, proibição de fala, mais modernamente privatização do público, interpretados por alguns como a categoria de patrimonialismo, revolução pelo alto, e incompatibilidade radical entre dominação burguesa e democracia; em resumo, de anulação da política, do dissenso, do desentendimento, na interpretação de Rancière.

O autor, em outro momento, ao se referir à Assistência Social como política pública, aponta, como desafio, a superação da "cultura do atraso", que historicamente predomina nesse campo:

> A constituição da assistência social como política pública percorre um longo caminho, no país "cordial" de Sérgio Buarque de Holanda, em que a sociabilidade do favor era — e ainda é — a moeda de troca das relações sociais, principalmente entre dominantes e dominados. A área da assistência social presta-se, como poucas, a essa "cordialidade". Desfazer isto, que é quase uma "segunda natureza" das relações de dominação no Brasil, para transformá-la numa esfera pública não burguesa que, ao mesmo tempo se estrutura nos direitos e reforça-se com sua prática, não é uma tarefa para poucas décadas (Oliveira, 1998, p. 12-13).

É no campo da contradição que se estabelecem as relações sociais e a afirmação da Política de Assistência Social como política pública também. Sua trajetória assistencialista, com tradição de não política ainda encontra espaço na sociedade brasileira. O desafio apontado pelo prof. Francisco de Oliveira de superação dessa lógica calcada nas relações de favor e clientelistas tem sido o caminho que a Política de Assistência tem buscado nos últimos anos.

---

5. São eles: Gilberto Freyre, Caio Prado Jr., Sérgio Buarque de Hollanda, Machado de Assis, Celso Furtado e Florestan Fernandes.

A definição do papel do Estado como responsável pela universalização da cobertura de acesso a serviços e benefícios e, também, pela garantia de direitos a todos que demandam da Política de Assistência tem apontado isso como política de Estado que se constitui num:

> [...] espaço para a defesa e atenção dos interesses e necessidades sociais dos segmentos mais empobrecidos da sociedade, configurando-se também, como estratégia fundamental no combate à pobreza, à discriminação e à subalternidade econômica, cultural e política em que vive grande parte da população brasileira (Yazbek, 2012, p. 7).

É tarefa primordial da Política de Assistência Social a superação dessa dimensão com caráter clientelista para se afirmar como política que possibilite a construção de direitos, contando com o protagonismo dos sujeitos por ela atendidos. Os elementos conservadores e autoritários, constituintes da formação social brasileira, revelam o quanto a hegemonia das classes dominantes exerce a reprodução das formas de dominação das classes subalternas no país.

É uma sociedade que conheceu e conserva a cidadania como privilégio de classe, como concessão regulada das classes dominantes às demais classes sociais, podendo, inclusive, retirá-la quando quiser, como ocorreu durante as ditaduras. Espaço em que as diferenças e assimetrias sociais e pessoais são transformadas em desigualdades; e estas, em relações de hierarquia, mando e obediência, perpassando a família, o Estado, as instituições públicas e privadas (Chaui, 1996).

É uma sociedade em que os direitos não foram conquistados pela maioria da população, mas sim constituídos como benesses, como relações de favor e privilégio, desconstituindo a efetivação da cidadania e a construção da democracia.

Coutinho (2008), em um relevante ensaio, em que analisa a gênese, a crise e as alternativas para o Estado brasileiro, afirma que ele foi sempre dominado por interesses privados. Ainda que essa seja uma característica do Estado capitalista em geral, no Brasil, assumiu traços mais acentuados que em outros países capitalistas, principalmente no que diz respeito ao pouco que foi conquistado, a partir de 1930, "[...] do aparente Estado do Bem-Estar, mas foi com muita felicidade que Francisco de Oliveira o chamou ironicamente de 'Estado do Mal-Estar Social'" (Coutinho, 2008, p. 127):

> [...] na verdade o pretenso Welfare brasileiro não funciona: embora juridicamente a Constituição consagre importantes direitos sociais, sobretudo a partir de 1988, esses só parcialmente são implementados na prática, não tanto porque o país seja pobre ou o Estado não disponha de recursos, como frequentemente se alega, mas sobretudo porque não há vontade política de fazê-lo, ou seja, porque não há um verdadeiro interesse público embasando a ação de nossos governantes. Eles preferem pagar a dívida pública e assegurar o chamado equilíbrio fiscal (através de enormes *superávits* primários) do que atender às reais demandas da população brasileira (Coutinho, 2008, p. 127).

O autor caracteriza o modelo de Estado burguês brasileiro, principalmente entre os anos de 1930 e 1980, pela presença de uma dominação sem hegemonia, ou seja, seguindo Gramsci, Coutinho fala de "hegemonia de uma fração da classe dominante sobre as outras frações, mas não do conjunto dessa classe sobre o conjunto das classes subalternas" (Coutinho, 2008, p. 122). Acrescenta que, durante o período populista, houve uma "variação", a qual denominou de "hegemonia seletiva", ou seja, aquela que obtinha o consenso de segmentos importantes das camadas populares, como da classe operária urbana, mas que também eliminava outros setores importantes, como os trabalhadores rurais, excluídos não só dos direitos sociais como dos direitos políticos. À "hegemonia seletiva", o autor refere uma interface com o que Wanderley dos Santos designou "cidadania regulada".[6]

Embora reconheça o florescimento da organização da sociedade civil desde o período da ditadura, Coutinho refere que o Estado brasileiro, principalmente, a partir do processo de "abertura", encaminha um projeto pelo "alto", ou seja, apresenta como objetivo promover uma "descompressão" fortemente seletiva, com base na cooptação de

---

6. Ver Santos (1987, p. 67).

elementos moderados de oposição e, ao mesmo tempo, na repressão de segmentos radicais, representativos dos setores populares. No entanto, na prática, a sociedade civil emergente, para o autor, "[...] terminou por promover um processo de abertura 'a partir de baixo', que certamente buscou se valer das novas condições geradas pela implementação do projeto 'pelo alto', mas que o transcendeu, indo bastante além dele [...]" (Coutinho, 2008, p. 131). Exemplo dessas conquistas são a lei que deu fim ao bipartidarismo e a da anistia.

De qualquer forma, o autor atenta para o principal risco nessa forma de transição: no Brasil, as conquistas são sempre "negociadas", não se dão com a ruptura única e explosiva, mas mediante transição que se materializa em rupturas parciais e progressivas, mediante a combinação de processos "pelo alto" e de movimentos provenientes "de baixo". Essa transição reproduziu "alguns dos traços mais característicos do tradicional modo 'prussiano' e 'passivo' de promover as transformações sociais no Brasil" (Coutinho, 2008, p. 133). Não rompeu, no entanto, com os traços autoritários e excludentes que caracterizam o modo tradicional de fazer política no país.

Assim, os traços constitutivos da sociedade brasileira renovam-se nas diversas instâncias do Estado, sob a hegemonia das classes dominantes, e retardam a construção e a efetivação de uma sociedade democrática com base na cultura de direitos, na cidadania, ou seja, em outra lógica, que prime por relações democráticas e de participação popular.

Essa disputa de projeto societário é um desafio permanente e se apresenta como um campo de lutas, tanto para o Estado como para a sociedade civil.

Portanto, a Política de Assistência Social, como política social pública, necessita ampliar seu leque de atuação para além da oferta de serviços, programas e projetos e trabalhar na construção de caminhos que viabilizem o protagonismo dos sujeitos subalternizados, possibilitando a expressão de seus desejos e reivindicações, trazendo para o centro do debate e de seu fazer a inclusão dos sujeitos excluídos, entendendo que a participação na vida política é elemento-chave para a construção de relações democráticas e autônomas de todos os sujeitos sociais.

3.3 O Suas: *Lócus* de construção de cidadania?

A Política de Assistência Social, em seu atual contexto brasileiro, assume um papel fundamental de política pública de proteção social. Deve exercer suas funções como Suas e revelar a construção democrática de gestão e de expressão dos interesses das classes subalternas, caracterizando-se como espaço de construção de direitos e não somente de oferta de serviços e benefícios, em que a busca por sua dimensão protetiva e de emancipação dos sujeitos sociais seja o seu norte.

Os serviços da Política de Assistência Social constituíram-se, ao longo de sua história, como locais de busca de "ajuda" ou, mais recentemente, de expressão de direitos por parte das classes subalternas. Um dos pontos fundamentais desse processo é o entendimento de que os "usuários" desses serviços são sujeitos políticos, que estão em busca não somente de serviços ofertados, mas também de políticas públicas efetivas. Esse entendimento, muitas vezes, não está expresso naquilo que esses sujeitos vão buscar. Seus cotidianos são marcados por incertezas e destituições, inclusive de cidadania. A simplicidade com que vivem em seu cotidiano, por vezes, não lhes permite essa percepção de sujeito político, de cidadão de direitos.

A importância aqui pontuada é também de percepção por parte dos operadores da Política de Assistência Social para esse reconhecimento dos sujeitos demandatários como pessoas capazes de superar essa condição subalterna e reconstruir suas histórias de vida, de reconhecimento de sua identidade e cidadania. Como afirmou Martinelli,[7] "[...] não há identidade sem história, ser sujeito político é ter pertencimento".

---

7. Na palestra "Expressão da questão social no tempo presente", proferida, em 20 mar. 2012, no Programa de Pós-graduação em Serviço Social (PPGSS) da PUC-RS.

Essa tarefa se constitui em um dos desafios para o Suas. Entre os sujeitos ouvidos na pesquisa empírica, três explicitam, em suas falas, que, na Política de Assistência Social, encontram espaço para a busca de direitos ou, pelo menos, já percebem que mudanças estão ocorrendo:

> A Assistência, ela é uma ferramenta do indivíduo pra alcançar a sua cidadania. Ela gera, ela é a principal ferramenta, a ferramenta de gerar oportunidade de inserir o indivíduo ao meio, de buscar o resgate dessa pessoa, de mostrar pra ela que ninguém nasceu pra ficar no patamar de insignificância (Depoimento do Sujeito 1).

As falas remetem à reflexão dos espaços possíveis que a Política de Assistência Social pode ocupar no enfrentamento da questão social. Entende-se que o combate às desigualdades sociais, em níveis tão elevados como o da nossa sociedade, não é tarefa exclusiva das políticas sociais, porém, como referem os sujeitos entrevistados, nelas existem as possibilidades de acolhimento e de busca por uma "ferramenta para a construção da cidadania".

Yazbek chama atenção, em sua entrevista para este livro, que é fundamental o modo como os profissionais conduzem e orientam o trabalho no Suas, devendo sempre criar espaços para o protagonismo dos usuários: "[...] às vezes os espaços não estão tão longe — podem ser efetivados em reuniões ou simples conversas".

Existe a percepção por parte dos entrevistados de que a política já os considera como sujeitos que possuem voz, que podem interferir nas transformações do cotidiano dos serviços ou contribuir para a elaboração de políticas públicas, ainda que essas contribuições gerem conflitos. Traduzem, assim, que avanços também estão ocorrendo em tempos de construção e efetivação do Suas:

> Tem que melhorar muito, e tá sempre melhorando, mas, só em vocês usarem o usuário como uma peça, uma peça fundamental. Porque, antes, vocês faziam, vocês faziam reordenamento, faziam os troços dentro do serviço, mas não

perguntavam qual a necessidade do usuário. Hoje em dia, o usuário tá sendo perguntado. Isso é bom (Depoimento do Sujeito 9);

A prova que tá sendo implantado ainda, não uma coisa ainda concreta. Não tô falando que a Política de Assistência Social não ta alcançando. Ela tá alcançando os caminhos, mas ela tá indo, eu acho que tá indo muito a passos lentos. Porque, hoje, aqui, por tudo que tem, é que eu falo que eu já passei na Política de Assistência Social dentro dos módulos, eu já tive alguns confrontos, algumas coisas. Houve mudanças também. Como eu tive conflitos, eu tive também abraços dessa parte. Isso que foi, que foi me reanimando a continuar vindo na Política da Assistência Social, e, aí, participar da Política de Assistência Social (Depoimento do Sujeito 6).

Cabem aqui um esclarecimento e uma breve contextualização a respeito da fala do Sujeito 9, quando se refere ao processo de participação do usuário, ao ser visto como uma "peça fundamental" na Política de Assistência.

Durante nove meses, no ano de 2011, 12 pessoas, representando os usuários dos Serviços de Proteção Especial de Média e Alta Complexidade das Redes própria e conveniada, juntamente com a Fundação de Assistência Social e Cidadania e também com os representantes dos movimentos organizados da população em situação de rua, compuseram um grupo que ajudou a elaborar o Plano Municipal de Enfrentamento à Situação de Rua da cidade de Porto Alegre.[8] Os representantes dos usuários foram denominados "Pesquisadores Sociais" e participaram, durante todo o processo, das reuniões do grupo, realizadas semanalmente, como representantes do Comitê Municipal de Enfrentamento à Situação de Rua, instância criada no mesmo ano pela Portaria n. 190/2011 do prefeito municipal, que reunia, mensalmente, representantes do governo, das entidades conveniadas e da sociedade civil. Salienta-se que, durante esse período, os "Pesquisadores Sociais" representaram os interesses da população

---

8. O Plano já foi abordado no capítulo anterior, ao tratar do processo de implementação do Suas em Porto Alegre.

em situação de rua, utilizando, por muitas vezes, o uso da fala durante as reuniões do Comitê, podendo trazer contribuições na elaboração das políticas. Também definiram um espaço para realizar denúncias quanto a situações ou fatos em que sofriam discriminações nos atendimentos prestados pelos serviços da rede.

Como trabalhadora da Fundação de Assistência Social e Cidadania, tive oportunidade de participar de muitas reuniões com esses usuários. Um dos aspectos considerados de grande relevância é a intensidade com que eles viveram e contribuíram para o processo de elaboração do Plano. Desde o uso permanente de um crachá de pesquisador social, que receberam como participantes do grupo e que lhes conferiu uma representação simbólica, revelando o sentimento de pertencimento e protagonismo, até o enfrentamento de desavenças entre os integrantes do próprio grupo, que não os fizeram desistir da construção conjunta.

Com a finalização do Plano, no final do ano, foi revelador como a maioria deles participou ativamente do grupo. Eles deram depoimento de como tinham percebido sua participação nesse período e do crescimento que essa experiência lhes havia trazido. Esse momento serviu de incentivo para que parte desse grupo continuasse a se reunir, no órgão gestor da assistência, no caso, na FASC, com trabalhadores e com o gestor, a fim de elaborar um novo projeto que contasse com o protagonismo deles; processo que foi acatado e está em desenvolvimento.

Ainda que o protagonismo popular seja pouco enfatizado, na prática, pela Política de Assistência Social, experiências como essa descrita reforçam a importância de ações que primam pela autonomia dos sujeitos e incentivam as lutas contra as desigualdades e a favor da garantia de direitos sociais plenos e universais.

Outras falas ilustram o reconhecimento, por parte do Sujeito 9, da importância de sua participação em fóruns da Política de Assistência, assim como em movimentos populares representativos da população em situação de rua, tanto no âmbito local como no nacional:

Sou uma voz ativa. Quem não pode falar, eu tô falando por essas pessoas, que eu vejo a necessidade deles e minha. Claro que tem muito a melhorar, mas, tá melhorando, o sistema tá mudando e tá sendo muito mais integrado do que era antes. Pra mim, tá sendo bom, sabe (Depoimento do Sujeito 9);

Tenho conhecido em função da luta, sim, do Movimento que eu faço parte: do Aquarela. Fomos pra Bahia, ver como é que tá a situação de cada estado. O nosso estado aqui, nosso município é bom. Muito bom. Pode melhorar ainda, mas é bom (Depoimento do Sujeito 9).

Segundo Yazbek, "[...] ser protagonista é romper com a subalternidade, é não aceitar submissamente os caminhos que os outros traçam para você" (trecho da entrevista concedida a mim). Percebe-se, na trajetória de alguns dos entrevistados, essa busca de construção pela participação, pelo seu protagonismo. Ao se inserirem em movimentos, lutas comunitárias, grupos de discussão, eles demonstram a intenção de participar e de ser representantes de algo e de outros, de poder ter voz e dizer o que pensam e, com isso, serem valorizados como sujeitos sociais.

Nas falas do Sujeito 1, quando se refere a ser, ou não, usuária da Política de Assistência Social, sempre se coloca como "usuária por coletivo" ou "via coletivo", pois entende que sua inserção se dava, principalmente, pelas necessidades da comunidade: "Era mais em prol dos outros usuários. Era um vínculo, uma ferramenta de comunicação entre os usuários e a Assistência Social" (Depoimento do Sujeito 1).

Chamam atenção, nessa fala, o fato de ela se considerar uma liderança comunitária e a percepção de que pontuava quanto à tomada de atitude frente a realidades que necessitavam ser mudadas, rompendo com o processo de acomodação, que, segundo ela, é muito fácil de ser vivido: "[...] é a consciência de não ser só mais uma pessoa diante de uma determinada realidade, mas sim de buscar atitude, e a Assistente Social dentro desse processo vinha sendo uma parceira" (Depoimento do Sujeito 1).

Outra experiência trazida por essa entrevistada foi sua inserção em fóruns, como o do Orçamento Participativo, com o intuito de buscar o que denomina "identificação", ou seja, no seu entendimento, uma liderança necessita explicitar qual é seu papel: "[...] tem que buscar quais os meios, ou quais os recursos, quais as pessoas que podem ajudar a transformar a realidade desse coletivo, dessa comunidade" (Depoimento do Sujeito 1).

Nota-se que ela expressa, com muita clareza, sua intencionalidade como sujeito que busca os canais de participação e mobilização com vistas à transformação da realidade, sempre voltada aos interesses coletivos. Reconhece que a "parceria" com a Política de Assistência é fundamental, uma vez que ela representa a contribuição à ruptura com a subalternidade em que vivem os sujeitos demandatários, constituindo-se em espaço público de reconhecimento e também como forma de pertencimento social dos subalternizados, por meio da expressão de suas demandas (Yazbek, 2009).

As falas apontam as reflexões já iniciadas anteriormente e revelam o quanto se faz necessário escutar o que os sujeitos que buscam Assistência Social têm a dizer. Uma escuta que dê voz, que revele, realmente, a expressão da palavra aos sujeitos de sua história, e não a quem, historicamente, vem sendo visto como alguém espoliado, vítima das relações desiguais que geram o justo e o injusto. É importante que seja um espaço onde o protagonismo assuma seu efetivo exercício político de cidadania na complexa trama das relações sociais.

É interessante como as inserções e as experiências que os sujeitos pesquisados trazem remetem para, talvez, um dos maiores desafios que o Suas têm de se dar conta e enfrentar: somente com a participação popular, que deve ser também um eixo da política pública, é possível romper com a condição subalterna que, historicamente, tem sido atribuída a quem é expropriado dos bens de produção e da condição de cidadão.

Telles (2006) utiliza o conceito de "sujeitos falantes", de Rancière, para designar os sujeitos que comparecem, na cena política, como portadores de uma palavra que exige seu reconhecimento. Reconhecimento como cidadãos e não mais sujeitos instituídos de negatividade. Para a autora, é somente nesse contexto que deixa de ser considerado "[...] o 'pobre' atado pelo destino ao mundo das privações" (Telles, 2006, p. 129) e torna-se o cidadão que reivindica e luta por seus direitos.

As necessidades sociais e coletivas devem ser colocadas no centro das relações sociais e assumir efetivamente a linguagem dos direitos:

> [...] é através das práticas de cidadania que se faz a passagem da natureza para a cultura, tirando o outro do indiferenciado e inominado, elaborando sua(s) identidade(s), construindo o(s) seu(s) lugares de pertencimento e integrando(s) por inteiro nesse espaço em que a experiência do mundo se faz como história (Telles, 2009, p. 130).

Vencer o conservadorismo do dia a dia é outro desafio, principalmente, daqueles que se propõem a contribuir na implantação do direito à Assistência Social pelos caminhos do Suas. Essas concepções conservadoras, que ainda se fazem presentes não somente na Política de Assistência, mas também na sociedade como um todo, por vezes, mascaram e atrapalham o rompimento necessário com as práticas clientelistas que desabilitam o caráter protagônico dos sujeitos demandatários da assistência e fazem com que seu dia a dia seja marcado por fatalidades: "[...] os óbices para a participação são também tidos como inevitáveis ou incontornáveis; nada mais cômodo. A indignação com a desigualdade e injustiça é metamorfoseada em resignação" (Paiva, Rocha e Carraro, 2010).

A metodologia desenvolvida na pesquisa empírica de escuta e filmagem dos sujeitos escolhidos na amostra também revela a importância da participação de cada um como sujeitos, protagonistas de sua história. A ampla adesão de todos ao projeto foi um dos pontos fortes: compareceram aos encontros no horário marcado e cumpriram com o compromisso assumido, sem nenhuma exigência de contrapartida financeira ou de outra espécie. O que expressavam era o desejo de contribuir com os seus saberes, e alguns também demonstravam grande interesse em poder se enxergar em um filme contando sua história. O filme podia representar uma forma de eles deterem certo poder. O poder de ter voz, de falar e representar o outro e até mesmo de se autorrepresentar.

Essas questões remetem a uma passagem do documentário *À margem da imagem*, do cineasta Evaldo Mocarzel, realizado no ano de 2001, que focaliza as rotinas de sobrevivência, os estilos de vida e a cultura dos moradores em situação de rua de São Paulo. Especificamente, lembram a cena em que a população entrevistada é convidada a assistir ao filme em uma sala de cinema, ao mesmo tempo em que é filmada novamente, ou seja, assistindo ao copião do filme. Em um dos momentos, é espantosa a forma como um dos participantes, um morador em situação de rua, já com cerca de 60 anos, se enxerga na tela e se surpreende. Sentado na plateia, passa a mão em sua barba, seu cabelo e rosto, como se, num breve instante, descobrisse sua real existência e identidade na cena que acabava de assistir.

O desejo do Sujeito 8 de aparecer na tela contando que era uma "vencedora" (referia-se ao fato de ter superado a dependência química do *crack* há mais de dois anos) trazia sua vontade de contribuir, de "ser um exemplo" a todos os outros usuários e profissionais da área que pudessem ouvi-la. Ainda que sua trajetória de vida se constitua por marcas de destituições e subalternidade, há de se reconhecer que, naquele momento, o que lhe pulsava eram a troca de experiência com os demais e seu esforço na superação de sua dependência, motivo de grande orgulho e de luta em sua vida e que gostaria muito que ficasse registrado no filme.

O Sujeito 2 acolheu a entrevista e substituiu o cacique da tribo, uma vez que o mesmo teve de realizar uma viagem em decorrência de um problema emergencial com uma família da aldeia. Em um primeiro momento, ficou um tanto apreensivo, porém, após alguns contatos com outros membros da tribo, sentiu-se valorizado, pois pôde ser porta-voz do pensamento de sua comunidade. Após sua entrevista, solicitou que fosse entrevistado outro sujeito, entendendo que ele também teria o que contribuir e acrescer com suas reflexões, respeitando, também, a hierarquia vivenciada por eles na aldeia.

No relato do Sujeito 7, percebe-se que ela se sentiu valorizada ao ser ouvida na entrevista. No dia da filmagem, compareceu arrumada, maquiada e preocupada em ser vista como alguém que resgatou sua autoestima. Referiu que, quando iniciou seu atendimento na rede de serviços da Assistência, estava em um momento de vida complicada: havia saído de mais uma internação psiquiátrica por uso de drogas (ao todo, foram 12) e tinha sofrido violência doméstica, o que a levou a ter de ir para um acolhimento institucional. No entanto, também referiu que o "pessoal do Cras e do Creas tinha acreditado nela e que só faltava ela mesma perceber isso, que tinha capacidade de mudar: "[...] entrei totalmente sem sonho algum, pra mim, o que acontecesse, acontecia. Hoje não. Já tenho vontade de trabalhar... Hoje eu faço questão de levantar de manhã, me arrumar, então, mudou muito a minha vida, muito mesmo" (Depoimento do Sujeito 7).

Cada um dos entrevistados assinala aquilo que considera ser mais relevante, naquele momento, em sua história de vida e pretende contribuir para a construção do filme por meio de sua imagem, com sua história, seja ela marcada por momentos de protagonismos, seja por momentos de resignações e consensos. Não importa. O que se quer pontuar aqui é o fato de serem ouvidos, de terem dado sua voz a suas experiências, de terem sido capazes de se deixar filmar, o que já expressa a participação de cada um e, consequentemente, o desejo de ser protagonista de sua própria história.

Os exemplos apontados ao longo deste livro, traduzidos nos relatos de cada um, servem para que se pense e repense o lugar que os sujeitos ocupam nos serviços de Assistência Social e no Suas como um todo.

A valorização e o reconhecimento do que cada um tem a dizer já é um início. Pensar o papel dos serviços da rede de proteção básica, por exemplo, de prevenção, de atuação no território, percebendo esse território como o lugar que a vida de cada usuário pulsa e acontece. Saber que o trabalho da equipe de profissionais que lá atua tem de ultrapassar os limites físicos do Cras e da oferta de serviços de acompanhamento familiar ou de serviços socioeducativos e compreender que a mobilização e as formas de organização desses sujeitos individuais e coletivos também se constituem em eixos de atuação da Política de Assistência Social e que o conjunto das demandas de cada território formam a expressão sociopolítica de todas as demandas e lutas das camadas populares em determinado contexto histórico.

A PNAS materializada no Suas, sem dúvida, representa um avanço para a política de proteção social no país. No entanto, ainda é incipiente, no seu texto, o reconhecimento do protagonismo popular, como finalidade precípua dessa política pública, com exceção para a expressão das formas de participação popular no controle social.

É preciso avançar nessa caminhada. É tempo de reconhecer que, além do contexto desfavorável, tanto econômico quanto conjuntural, a Política de Assistência Social ainda encontra um óbice: a conformação de seu caráter público, social e político, que impede a materialidade de uma política universalizante e não contributiva, como apontam as autoras:

> A natureza mesma de sua formatação social e histórica no país, o modo como sempre foi feito o processamento das demandas dirigidas à assistência social, em geral centralizada em requerimentos privados, individualizados e com foco prioritário de ação sob o indivíduo vulnerável ou na sua família "em risco" ("aquela que falha", no linguajar do senso comum conservador) e não a necessidade social, histórica e coletiva e muito menos no âmbito da luta de classes (Paiva, Rocha e Carraro, 2010).

A construção dessa caminhada diferenciada para a Política de Assistência Social é tarefa de todos aqueles que lutam por sua real expressão como política pública com caráter universalizante e democrático. Os dados da pesquisa empírica apresentados revelam que os sujeitos demandatários da Assistência Social também lutam por essa conquista. Alguns não só percebem que mudanças estão ocorrendo, como já estão inseridos nela, objetivando a efetivação de espaços mais democráticos de conquistas de direitos. Outros ainda reproduzem expressões de conformismo, como marcas de seu dia a dia. Por isso, a tarefa é urgente. Requer o compromisso de reescrever a história da Assistência Social, rompendo com seu caráter ainda conservador, para que se constitua em política pública pautada pelas reais expressões das lutas das camadas populares e pela efetivação dos direitos socioassistenciais no país, reconhecendo a importância da centralidade na participação popular.

Conclusão

> É preciso ter persistência e boa vontade, e eu to
> lutando, mas eu sei que não é fácil, porque são
> várias as barreiras. A modificação deve ser gran-
> de, mas tem que ser gradualmente, aos poucos.
> (Depoimento do Sujeito 10)

Desde o século passado, o sistema de proteção social no Brasil tem sido calcado em bases frágeis e consolidado segundo a lógica de privilégios para poucos e desproteção para muitos. A lógica do favorecimento e do merecimento e das relações clientelistas, características da formação da sociedade brasileira, demarcou as ações assistencialistas e pontuais, gerando, na população, o sentimento de ter de ser "merecedora" dessas práticas para ter acesso às "benesses". A questão do acesso a direitos, portanto, ficou restrita à parcela da população que correspondia ao perfil dos "clientes" das políticas sociais e que se enquadravam, dessa forma, em seus critérios.

Foi somente a partir dos anos de 1980, com a instalação do processo de abertura política no país, do movimento da Constituinte e com a promulgação da Constituição Brasileira de 1988, que mudanças na concepção do sistema de proteção social começaram a acontecer na sociedade brasileira.

O reconhecimento das políticas de Saúde, de Assistência Social e da Previdência Social como componentes do tripé da Seguridade

Social significa um avanço para o campo das políticas sociais, afirma-do a partir de 1988. Apesar de a Previdência Social ainda ser uma política contributiva, ou seja, beneficiam-se dela somente os cidadãos que contribuem para ela, reafirmando um caráter excludente, a polí-tica de Saúde avança no sentido da universalidade de acesso a todos, e a Assistência Social define como seu público-alvo todos aqueles cidadãos que dela necessitarem.

Passadas mais de duas décadas, a Política de Assistência Social seguiu com seus avanços, tanto no campo conceitual quanto no legal. Estamos em tempos de efetivação da política por meio do Suas, porém constata-se que muito há de ser feito.

Os avanços legais ainda são insuficientes e não se materializam na vida da maioria da população; não bastam a existência e o conhe-cimento desses avanços para que a vida da população pobre se alte-re, "[...] é preciso mecanismos que confirmem o protagonismo dessa população" (Couto, 2004, p. 187).

As formações social e política da sociedade brasileira não foram favorecedoras de espaços de construção e lutas por conquistas de direitos e de cidadania. Ao contrário, a instituição dos direitos, no Brasil, surgiu com uma lógica invertida, a de concessões e de benesses.

Afirmar a Política de Assistência Social como política pública no campo dos direitos socioassistencias permanece como um dos grandes desafios.

A condição subalterna atribuída à população que carece da pro-teção da Assistência Social é também uma característica da própria política, que necessita, ainda, deixar o lugar que, historicamente, lhe foi determinado, de executora de ações meramente "de ajuda", com caráter pontual e compensatório de alívio à pobreza, e assumir, efe-tivamente, seu protagonismo. Deve tomar seu lugar no campo da Seguridade Social, com conquistas de financiamentos adequados para a execução de um Sistema Único de qualidade, de ofertas de serviços que contemplem as reais necessidades expressas pela população ca-rente. Que seja uma política capaz de "[...] politizar e dar visibilidade aos interesses das classes subalternas" (Yazbek, 2012) e exercer seu real papel: da Assistência Social como direito.

Os segmentos dos trabalhadores e dos gestores da política também necessitam sair do lugar subalterno que vêm ocupando. É sabido que muito tem sido feito para qualificar esses atores. Diversos processos de capacitação profissional vêm ocorrendo pelo Brasil afora, inclusive financiados pelo governo federal, no intuito de aperfeiçoar e qualificar o exercício profissional nos vários segmentos da Política de Assistência Social. Também as conquistas de outros profissionais da área social que não somente o Assistente Social para compor as equipes de trabalho dos serviços foram um grande avanço proposto e executado no Suas, em que as ações com caráter interdisciplinar se constituem em grande desafio.

Há de se reconhecerem os avanços, no entanto, deve-se constatar que, no cotidiano dos serviços e da gestão da política, muito tem de ser feito. Principalmente no que se refere ao rompimento necessário de pensamentos e práticas com cunho conservador, que são impostas pela realidade do dia a dia aos operadores e gestores da política, onde os trabalhadores ocupam, por vezes, um lugar residual, em uma esfera periférica, de não enfrentamento das contradições expressas na questão social e, consequentemente, reproduzem a conformação da não cidadania, em vez das conquistas de direitos.

É necessário consolidar a Política de Assistência Social como o espaço de oferta de serviços qualificados que ultrapasse as ações do campo individual e construa formas de articulação e mobilização coletiva, em que essas construções assumam caráter radicalmente democrático, contemplem e revelem as reais necessidades expressas pela população.

Os desafios de enfrentamento da questão social e de superação de desigualdades ultrapassam o Suas. A partir dos anos 1980, com a implementação do ideário neoliberal em nível mundial, vive-se sob a ordem estabelecida por seus pilares: a cultura de um Estado mínimo nos ajustes econômicos materializados na apologia da privatização e da supremacia do mercado e na conclamação da sociedade civil e das classes subalternas à adesão a essa lógica, desqualificando a democracia e a política (Simionatto, 2004).

A Política de Assistência move-se nesse espaço contraditório e, muitas vezes, assume a lógica instituída de clientelismo e de favores, reiterando essa realidade imposta. No entanto, necessita assumir seu papel protagônico de explicitar os conflitos existentes na sociedade, para buscar consensos que a efetive como política pública de proteção social em uma perspectiva democrática e participativa.

Afirmar a Assistência Social como direito é, segundo Couto (2004, p. 187), tarefa de toda uma sociedade e da disputa, "[...] nos marcos do capitalismo, pela ampliação da fatia dos investimentos que devem ser utilizados para que os efeitos perversos da exploração do capital sobre trabalho possam ser reduzidos".

Para Coutinho (2008, p. 51), os conceitos que melhor expressam a "reabsorção dos bens sociais pelo conjunto dos cidadãos" são o de cidadania e, consequentemente, o de democracia: a cidadania é algo conquistado, é fruto de uma luta permanente, "[...] travada quase sempre a partir de baixo, das classes subalternas, implicando um processo histórico de longa duração". Portanto, a cidadania não é algo concedido aos indivíduos.

Ao ser referenciada a direitos e ancorada na existência do Estado, a cidadania fica assentada também no princípio da igualdade. No Brasil, a conquista da igualdade é uma luta permanente e ambígua. A convivência com discriminações e relações de hierarquias tão enraizadas na cultura política brasileira dificulta a garantia de igualdade e justiça para todos.

É fundamental romper com essa lógica tão fortemente instituída, porém tão pouco explicitada e enfrentada pelo conjunto da população. Esse passado conservador necessita ser liquidado, a fim de se poder escrever uma história com um futuro diferenciado. No entanto, é necessário o enfrentamento, pela sociedade como um todo, dessas relações tão desiguais e injustas vigentes no Brasil.

A questão da justiça social está implicada na trama dos conflitos e, a partir da explicitação deles, o enigma dos direitos decifra-se como conquista de reconhecimento e legitimidade: "[...] é através do conflito que os excluídos, que os não iguais, impõem seu reconhecimento como indivíduos e interlocutores legítimos, dissolvendo as hierarquias nas quais estavam subsumidos numa diferença sem equivalência possível" (Telles, 2001, p. 30).

Portanto, o exercício da democracia é uma questão central, em que a inclusão dos "excluídos" é um desafio permanente. Levá-los a participar ativamente da vida política também é uma tarefa da Política de Assistência Social.

É necessário ter espaço para que o campo dos conflitos faça parte da complexa trama das relações sociais da sociedade brasileira, deixando de lado as regras tão excludentes que as permeiam com "naturalidade" para dar lugar a uma sociedade mais igualitária.

Os depoimentos extraídos da pesquisa empírica realizada para este livro revelam alguns exemplos da relação que os entrevistados estabelecem entre a busca por direitos e a Política de Assistência Social, o que reafirma a importância do protagonismo dos sujeitos nesse campo e expõe alguns caminhos que eles trilham. A busca de direitos, para eles, perpassa o atendimento por meio dos serviços de Assistência Social, seja pelo espaço de escuta que lá é oferecido, seja pelo encaminhamento a benefícios, seja pela participação em espaços de mobilização, seja pela expressão que a política dá para suas demandas. Identifica-se a relação entre direito e assistência, em que a política é atrelada a uma ferramenta, a um espaço fundamental de busca e de atendimento das necessidades identificadas individualmente como necessárias para si ou para o coletivo.

Na entrevista concedida pela professora Carmelita Yazbek para este livro, ela referiu que, provavelmente, haveria uma diferença nas falas desses sujeitos em relação à daqueles que foram entrevistados por ela em sua pesquisa de doutorado. Fez essa relação para mencionar o contexto, pois sua experiência se realizou no período anterior à legislação da Loas. Realmente, evidenciou-se essa diferença, porque hoje a Política de Assistência Social está em outro momento, o que, segundo Yazbek, é relevante, pois o Suas se constitui "em um elemento concreto" a ser avaliado. E esse fato foi constatado: houve esse reconhecimento por parte dos sujeitos entrevistados, como já demonstrado nos depoimentos apresentados ao longo dos capítulos.

Assim, a construção de um Sistema Único com gestão democrática para a Assistência Social, ainda que incompleto ou a "passos lentos", como referiu o Sujeito 6, representa uma possibilidade importante de construção de cidadania para muitos que dela necessitam e "[...] atende a uma dimensão das lutas das classes subalternas em seu conjunto" (Yazbek, 2012, p. 8), em uma perspectiva emancipatória, cumprindo com uma das funções como política social.

Conforme o pensamento gramsciano, o rompimento da subalternidade somente acontece no momento em que ocorrer um movimento de emancipação das classes subalternas, a partir de sua auto-atividade e autonomia, provocando a cisão com a classe dominante. Mas não basta a negação radical da ordem. É necessária a materialização de uma nova subjetividade, que organize a vida material e cultural sob novas bases, numa perspectiva de totalidade, ou seja, que se desenvolva para além da fase econômica, para elevar-se à fase de hegemonia ético-política, expressão de uma vontade coletiva e unificadora das classes subalternas.

As políticas sociais e a Assistência Social aqui especificamente no exercício de sua função pública necessitam enfrentar barreiras institucionais burocráticas e buscar também uma gestão que leve em conta os canais incentivadores da participação popular na tomada de decisões e na execução da própria política. É uma tarefa difícil e desafiadora, porém necessária.

A democracia só realizará seu valor universal no Brasil se essas grandes massas de excluídos forem incorporadas ao processo social como autênticos protagonistas. Só pode haver democracia para as grandes massas da população se elas forem capazes de se organizar, de expressar seus anseios e de obter efetivamente conquistas sociais, culturais e políticas no quadro de uma institucionalidade em permanente expansão. Assim, a democratização é um valor universal sobretudo porque é um permanente desafio. Nunca poderemos chegar a um ponto que nos permita dizer que a democracia está acabada. A democracia é um processo que devemos conceber como em permanente construção (Coutinho, 2008, p. 153).

A tarefa de democratização das relações sociais ou de aprofundamento e universalização da cidadania é um processo dinâmico e contraditório e, para Coutinho (2008), uma das principais características da modernidade. Para o autor, é uma contradição constante, pois a universalização da cidadania é incompatível com a existência de uma sociedade de classes.

Porém, como todo processo contraditório, ele se dá mediante avanços e recuos. Assim é a difícil tarefa da Política de Assistência Social em tempos de Suas. Ainda que "a passos lentos", ela se desenha como uma das possibilidades ou como uma "ferramenta" de construção de direitos para as classes subalternas na sociedade brasileira.

No entanto, ao final deste livro, pode-se concluir que, apesar de se observar o reconhecimento por parte de alguns usuários da política aqui entrevistados de mudanças nesse campo, também se constata que, para outros, ela se configura como expressão e reiteração da subalternidade. O espaço que a política pública ocupa neste país ainda serve muito para a conformação de demandas e pouco para a expressão legítima de reivindicações e lutas por direitos das classes subalternas.

Assim como a Política de Assistência Social se move em um campo permeado de contradições, as experiências dos sujeitos pesquisados também revelam movimentos contraditórios: do consenso à rebeldia, do conformismo à resistência, e alguns permanecem legitimando a subalternidade que lhes foi atribuída.

Espera-se que novos horizontes se construam na agenda da Assistência Social e que a política abra também espaços para que os "sujeitos falantes" ocupem seus lugares de protagonistas, dignos cidadãos.

Os espaços formais já constituídos de participação popular apresentam desafios a serem enfrentados pela Política de Assistência Social. A participação dos usuários nos espaços de controle social, por exemplo, necessita ser ocupado sob outro ponto de vista, em que ultrapasse as questões corporativas, de interesses particulares, e avance na defesa de direitos coletivos para essa população. Também sua participação na gestão dos serviços é outro desafio: deixar a condição subalterna que, historicamente, lhe foi atribuída para contribuir como sujeito de direitos.

Portanto, o caminho talvez mais complexo esteja no reconhecimento, pela própria política, dos usuários como sujeito de direitos, capazes de interferir na transformação de seu dia a dia e não apenas enxergá-lo como sujeitos que lutam pela sua sobrevivência diária, na tentativa de garantir sua reprodução material e social. Nesse sentido, a Política de Assistência necessita rever sua atuação e ocupar-se com estratégias de trabalho democráticas, as quais objetivem incentivar os usuários à mobilização e à participação, na perspectiva do protagonismo popular e da construção de uma sociedade mais justa e igualitária. Pois, como afirma a entrevistada:

> [...] ninguém nasceu pra ficar no patamar de insignificância (Depoimento do Sujeito 1).

Referências

ABNT. Associação Brasileira de Normas Técnicas, NBR 14724. *Informação e documentação (trabalhos acadêmicos)*. Apresentação. 3. ed. Rio de Janeiro: ABNT, 2011. Disponível em: <www.ufpe.br/decon/.../ABNT_NBR_14724_Trabalhos_Academicos.pdf>. Acesso em: 11 jul. 2012.

ABREU, M. *Serviço Social e a organização da cultura*: perfis pedagógicos da prática profissional. São Paulo: Cortez, 2002.

ALVARENGA, M. S. *Risco e vulnerabilidade na Política Nacional de Assistência Social*. Dissertação (Mestrado em Política Social). Programa de Pós-graduação em Política Social da Universidade Federal do Espírito Santo, Vitória, UFES, 2012.

BARDIN, L. *Análise de conteúdo*. Rio de Janeiro: Edições 70, 1977.

BECK, U. *Liberdade ou capitalismo*. São Paulo: Unesp, 2003.

_____; GIDDENS, A.; LASH, S. *Modernização reflexiva*: política, tradição e estética na ordem social moderna. São Paulo: Unesp, 1997.

BEHRING, E. R. *Política social no capitalismo tardio*. São Paulo: Cortez, 1998.

_____. *Brasil em contrarreforma*: desestruturação do estado e perda de direitos. São Paulo: Cortez, 2003.

_____. BEHRING, E. R. Acumulação capitalista, fundo público e política social. In: BOSCHETTI, I. et al. (Orgs.). *Política social no capitalismo*: tendências contemporâneas. 2. ed. São Paulo: Cortez, 2009a.

_____. Notas para um balanço crítico do Suas: a título de prefácio. *Revista Em Foco*. Rio de Janeiro, n. 5, 2009b.

BEHRING, E. R.; BOSCHETTI, I. *Política social*: fundamentos e história. São Paulo: Cortez, 2008.

BOSCHETTI, I. As forças de apoio e de oposição à primeira proposta de regulamentação da Assistência Social no Brasil. *Cadernos do Centro de Estudos Avançados Multidisciplinares* (CEAM/UnB), Brasília, ano III, n. 11, out. 2002.

_____. *Assistência Social no Brasil*: um direito entre a originalidade e conservadorismo. Brasília: GESST/SER/UnB, 2003.

_____. Seguridade Social na América Latina. In: BOSCHETTI, I. et al. *Política Social no capitalismo*: tendências contemporâneas. São Paulo: Cortez, 2009.

BRASIL. Constituição (1988). *Constituição da República Federativa do Brasil*. Brasília: Senado, 1988.

_____. Ministério do Desenvolvimento Social e Combate à Fome. *Política Nacional de Assistência Social*. Brasília: Secretaria Nacional de Assistência Social, 2004.

_____. Ministério do Desenvolvimento Social e Combate à Fome. Política Nacional de Assistência Social (PNAS 2004). *Norma Operacional Básica* (NOB/Suas). Brasília: Secretaria Nacional de Assistência Social, 2005.

_____. Conselho Nacional de Assistência Social. Resolução n. 109, de 11 de novembro de 2009. *Tipificação Nacional de Serviços Socioassistenciais*. Brasília, 2009.

_____. Controladoria Geral da União. Programa Bolsa Família. *Coleção Olho Vivo*. Brasília, 2010a.

_____. Ministério do Desenvolvimento Social e Combate à Fome. *Norma Operacional Básica da Assistência Social*. Brasília: Secretaria Nacional de Assistência Social, 2010b.

_____. Lei n. 12.435, de 6 de julho de 2011. *Diário Oficial da União*, Brasília, 2011a.

_____. Ministério do Desenvolvimento Social e Combate à Fome. Comissão Intergestores Tripartite. Resolução CIT n. 7, de 10 de setembro de 2009. Brasília, reimpr. 2011b.

CADERNOS DE GRÁFICOS PLANO BRASIL SEM MISÉRIA 1 ANO DE RESULTADOS, 2012. Disponível em: <www.mds.gov.br>. Acesso em: 27 ago. 2012.

CARVALHO, J. M. *Cidadania no Brasil*: o longo caminho. 5. ed. Rio de Janeiro: Civilização Brasileira, 2004.

CASTEL, Robert. *As metamorfoses da questão social*: uma crônica do salário. Tradução de Iraci D. Poleti. 7. ed. Petrópolis: Vozes, 2008.

CHAUI, M. Ideologia neoliberal e universidade. In: OLIVEIRA, F.; PAOLI, M. C. *Os sentidos da democracia*: políticas do dissenso e hegemonia global. Petrópolis: Vozes; Brasília: NEDIC, 1999.

_____. *Conformismo e resistência*. São Paulo: Brasiliense, 1996.

CONSELHO FEDERAL DE SERVIÇO SOCIAL (CFESS). *Parâmetros para Atuação dos Assistentes Sociais na Política de Assistência Social*. Brasília: CFESS, 2009.

CONSELHO REGIONAL DE SERVIÇO SOCIAL (CRESS 10ª Região). *Coletânea de Leis*. Cress Ser é Lutar. Gestão 1999-2002. Porto Alegre: RML Gráfica, 2000.

COUTINHO, C. N. *Contra a corrente*: ensaios sobre a democracia e socialismo. São Paulo: Cortez, 2008.

COUTO, B. et al. (Orgs.). *O Sistema Único de Assistência Social no Brasil*: uma realidade em movimento. São Paulo: Cortez, 2010.

COUTO, B. R. *O direito social e a Assistência Social brasileira*: uma equação possível? São Paulo: Cortez, 2004.

_____. O sistema único de assistência social: uma nova forma de gestão da assistência social. In: MDS, UNESCO. *Concepção e gestão de proteção social não contributiva no Brasil*. Brasília: MDS, Unesco, 2009.

_____; PRATES, J. *Relatório de consultoria*: proposta de reordenamento da rede socioassistencial e implantação do Suas em Porto Alegre. Porto Alegre, 2008. (Documento Interno.)

_____; YAZBEK, M. C.; RAICHELIS, R. A Política Nacional de Assistência Social e o Suas: apresentando e problematizando fundamentos e conceitos. In: COUTO, B. et al. (Orgs.). *O Sistema Único de Assistência Social no Brasil*: uma realidade em movimento. São Paulo: Cortez, 2010.

CRESWELL, J. *Projeto de pesquisa*: métodos qualitativo, quantitativo e misto. Porto Alegre: Artmed, 2010.

DEL ROIO, M. Gramsci e a emancipação do subalterno. *Revista de Sociologia e Política*, Curitiba, n. 29, nov. 2007.

DRAIBE, S. *Brasil*: o sistema de proteção social e suas transformações recentes. Santiago do Chile, Cepal/Naciones Unidas, n. 14, 1993. (Série Reformas de Política Pública.)

FERNANDES, Florestan. *A revolução burguesa no Brasil*: ensaio de interpretação sociológica. 5. ed. São Paulo: Globo, 2005.

FIORI, J. L. *Os moedeiros falsos*. 4. ed. Petrópolis: Vozes, 1998.

FLEURY, S. *Estado sem cidadãos*: seguridade social na América Latina. Rio de Janeiro: Fiocruz, 1994.

GRAMSCI, A. *Cadernos do cárcere*: o "Risorgimento". Notas sobre a história da Itália. v. 5. Rio de Janeiro: Civilização Brasileira, 2002.

GULLAR, F. A vida bate. In: GULLAR, Ferreira. *Toda Poesia (1950-1999)*. Rio de Janeiro: José Olympio, 2000.

HOBSBAWM, E. *A era dos extremos*: o breve século XX: 1914-1991. São Paulo: Companhia das Letras, 1995.

IAMAMOTO, M. V. A questão social no Capitalismo. *Temporalis*, revista da Associação Brasileira de Ensino e Pesquisa em Serviço Social, Brasília, ano 2, n. 3, 2001.

_____. *Serviço Social em tempo de capital fetiche*. São Paulo: Cortez, 2008.

_____. O Serviço Social na cena contemporânea. In: CONSELHO FEDERAL DE SERVIÇO SOCIAL (CFESS). *Serviço Social*: direitos e competências profissionais. Brasília: CFESS/ABEPSS, 2009.

_____. *O novo ecletismo na política social brasileira*: entre o "risco social" e a luta por direitos. Conteúdo de palestra realizada no Encontro Nacional de Pesquisadores em Serviço Social: *Crise do capital e produção do conhecimento na realidade brasileira: pesquisa para quê, para quem e como? Rio de Janeiro em 6 dez. 2011.* (Mimeo.)

IANNI, Octavio. A nação das classes dominantes. In: LARANJEIRA, Sônia (Org.). *Classes e movimentos sociais na América Latina*. São Paulo: Hucitec, 1990.

INSTITUTO BRASILEIRO DE GEOGRAFIA E ESTATÍSTICA (IBGE). *Censo Demográfico 2010*: resultados gerais da amostra. Rio de Janeiro: IBGE, 2012.

INSTITUTO DE PESQUISA ECONÔMICA APLICADA (IPEA). *Boletim de Políticas Sociais*: acompanhamento e análise. Assistência Social e Segurança Alimentar, Brasília, edição especial, n. 13, 2007. Disponível em: <www.ipea. gov.br>. Acesso em: 12 set. 2008.

_____. *Políticas sociais*: acompanhamento e análise. Brasília: Ipea, 2011.

_____. *Cadernos de Análise*. Brasília: Ipea, 2012.

IVO, A. *Viver por um fio*: pobreza e política social. São Paulo: Annablume; Salvador: CRH/UFBA, 2008.

JACCOUD, Luciana. *Proteção social no Brasil*: debates e desafios. Brasília: ENAP/UFRGS (EAD), 2008.

KOSIK, K. *A dialética do concreto*. Rio de Janeiro: Paz e Terra, 1976.

LOIZOS, P. Vídeo, filme e fotografia como documentos de pesquisa. In: BAUER, M. W.; GASKELL, G. *Pesquisa qualitativa com texto, imagem e som*: um manual prático. Petrópolis: Vozes, 2002.

MARTINELLI, M. L. (Org.) *Pesquisa qualitativa*: um instigante desafio. São Paulo: Veras, 1999.

MARTINS, J. S. *A sociedade vista do abismo*: novos estudos sobre exclusão, pobreza e classes sociais. Petrópolis: Vozes, 2008.

MENDES, J.; PRATES, J.; AGUINSKY, B. *O Sistema Único de Assistência Social*: entre a fundamentação e o desafio da implantação. Porto Alegre: EdiPuc-RS, 2009.

MINAYO, M. C. S. *O desafio do conhecimento*: pesquisa qualitativa em saúde. 7. ed. São Paulo: Hucitec; Rio de Janeiro: Abrasco, 2000.

OLIVEIRA, F. Vulnerabilidades sociais e carência de direitos. *Cadernos Abong*, n. 8, jun. 1995.

_____. Prefácio. In: RAICHELIS, R. *Esfera pública e conselhos de assistência social*. São Paulo: Cortez, 1998.

_____. Privatização do público, destituição da fala e anulação da política: o totalitarismo neoliberal. In: _____; PAOLI, M. C. *Os sentidos da democracia*: políticas do dissenso e hegemonia global. Petrópolis: Vozes; Brasília: NEDIC, 1999.

PAIVA, B.; ROCHA, M.; CARRARO, D. Participação popular e assistência social: contraditória dimensão de um especial direito. *Katálysis*, Florianópolis, v. 13, n. 2, 2010.

PAUGAM, S. *Desqualificação social*: ensaio sobre a nova pobreza. São Paulo: EDUC/Cortez, 2003.

PEREIRA, P. A. *A assistência social na perspectiva dos direitos*: crítica aos padrões dominantes de proteção aos pobres no Brasil. Brasília: Thesaurus, 1996.

_____. A saúde no sistema de seguridade social brasileiro. *Ser Social*, revista do Programa de Pós-graduação em Política Social, Brasília, UnB, n. 10, jan./jun. 1998.

_____. *Necessidades humanas*: subsídios à crítica dos mínimos sociais. São Paulo: Cortez, 2000.

_____. Política de Assistência Social no Brasil: avanços e retrocessos. *Cadernos do Centro de Estudos Avançados Multidisciplinares* (CEAM/UnB), Brasília, ano III, n. 11, out. 2002.

POLANYI, K. *A grande transformação*: as origens da nossa época. Rio de Janeiro: Elsevier, 2000.

PRATES, J. C. O planejamento da pesquisa social. *Revista da Associação Brasileira de Ensino e Pesquisa em Serviço Social*, Porto Alegre, ano IV, n. 7, p. 123-143, jan./jul. 2004.

_____. O método marxiano de investigação e o enfoque misto na pesquisa social: uma relação necessária. *Textos e Contextos*, Porto Alegre, v. 11, n. 1, p. 116-128, jan./jul. 2012.

PREFEITURA MUNICIPAL DE PORTO ALEGRE, METROPLAN, PNUD, FUNDAÇÃO JOÃO PINHEIRO. *Atlas do desenvolvimento humano da região metropolitana de Porto Alegre*, 2008.

_____. *Atlas do desenvolvimento humano da Região Metropolitana de Porto Alegre*. Disponível em: <www.observatorioportoalegre.com.br>. Acesso em: 30 dez. 2012.

ROCHA, S. *Pobreza no Brasil*: afinal do que se trata? Rio de Janeiro: Editora FGV, 2006.

RODRIGUES, M. Balanço crítico do Suas: assistência x assistencialização. *Em Foco*, Rio de Janeiro, CRESS/RJ, n. 5, 2009.

SANTOS. W. *Cidadania e justiça*. Rio de Janeiro: Campus, 1987.

SCHUCH, P. et al. População adulta em situação de rua em Porto Alegre: especificidades antropológicas. In: GEHLEN, I. et al. (Orgs.). *Diversidade e proteção social*: estudos quanti-qualitativos das populações de Porto Alegre. Porto Alegre: Centhury, 2008.

SILVA, M. O. Pobreza, desigualdade e políticas públicas: caracterizando e problematizando a realidade brasileira. *Katalysis*, Florianópolis, v. 13, n. 2, 2010.

SILVA, M. B. *O "Louco de rua" e a Seguridade Social em Porto Alegre*: da (in) visibilidade social à cidadania? Dissertação (Mestrado) — Pontifícia Universidade Católica, Porto Alegre, 2005.

SIMIONATTO, I. Estado e sociedade civil em tempos de globalização: reinvenção da política ou despolitização? *Katálysis*, Florianópolis, v. 7, 2004.

SOARES, L. *Os custos sociais do ajuste neoliberal na América Latina*. São Paulo: Cortez, 2000.

SPOSATI, A. Modelo brasileiro de proteção social não contributiva: concepções fundantes. In: MDS, UNESCO. *Concepção e gestão da proteção social não contributiva no Brasil*. Brasília: MDS, Unesco, 2009.

TELLES, V. *Pobreza e cidadania*. São Paulo: Editora 34, 2001.

_____. *Direitos sociais*: afinal do que se trata? Belo Horizonte: UFMG, 2006.

TRIVIÑOS, A. *Introdução à pesquisa em ciências sociais*: a pesquisa qualitativa em educação. 13. ed. São Paulo: Atlas, 1987.

WAINWRIGHT, H. *Uma resposta ao neoliberalismo*: argumentos para uma nova esquerda. Rio de Janeiro: Zahar, 1998.

YAZBEK, M. C. Pobreza e exclusão social: expressões da questão social no Brasil. *Temporalis*, revista da Associação Brasileira de Ensino e Pesquisa em Serviço Social, Recife, ano II, n. 3, 2001.

_____. Os caminhos para a pesquisa no serviço social. *Temporalis*, revista da Associação Brasileira de Ensino e Pesquisa em Serviço Social, Recife, ano V, n. 9, p. 147-159, jan./jun. 2005.

_____. *Classes subalternas e assistência social*. 7. ed. São Paulo: Cortez, 2009.

YAZBEK, M. C. Serviço Social e pobreza. *Katalysis*, Florianópolis, v. 13, n. 2, 2010 (Editorial.)

_____. Pobreza no Brasil contemporâneo e formas de seu enfrentamento. *Serviço Social & Sociedade*, n. 110, p. 288-322, jun. 2012.

_____. *A cultura da subalternidade e o protagonismo popular na política de assistência social*: uma equação possível? Conteúdo de palestra realizada no Seminário "A proteção socioassistencial básica e os desafios da implantação do Suas em Santa Catarina", em 13 set. 2012, no prelo para publicação. (Mimeo.)

CLASSES SUBALTERNAS E ASSISTÊNCIA SOCIAL

Maria Carmelita Yazbek

7ª edição - 2ª reimp. (2012)

200 páginas

ISBN 978-85-249-1535-2

Estamos em tempo de ética, que confronta valores e estratégias com utopias, conquistas, desafios, acertos, enganos, dúvidas. Com este livro, a autora escancara o âmago da dignidade do pobre subalterno expresso no in-conformismo conformado da subalternidade consentida.

O SISTEMA ÚNICO DE ASSISTÊNCIA SOCIAL NO BRASIL
uma realidade em movimento

Berenice Rojas Couto
Maria Carmelita Yazbek
Maria Ozanira da Silva e Silva
Raquel Raichelis (Orgs.)

4ª edição

328 páginas

ISBN 978-85-249-2227-5

Este livro nos oferece uma perspectiva ampla e multifacetada do processo de implantação do SUAS, enriquecida pela densidade de saberes fecundados em rigoroso trabalho intelectual.